役行者伝の謎

新装版

銭谷武平

東方出版

役行者伝の謎

まえがき

役行者《えんのぎょうじゃ》は、平安時代の『本朝神仙伝』では、倭武命《やまとたけるのみこと》、聖徳太子に次ぐ第三の神仙で、鎌倉時代の『二中歴』においては聖人のうち奇異行者七人の筆頭、また江戸期の『扶桑隠逸伝』では、第一にあげられる人物である。

この「役行者」とは、どのような人物であったのか。試みに、『広辞苑』を開いてみよう。

「えんのぎょうじゃ―役行者・役行者」

①、奈良時代の山岳呪術者。修験道の祖。本名、役小角（えんのおづの）。大和国葛城山に住んで仏教を修行、吉野の金峰山（きんぷせん）・大峰などを開いた。讒《ざん》によって、六九九～七〇一年伊豆に流された。諡号《しごう》は神変大菩薩《じんべんだいぼさつ》。役の優婆塞《うばそく》。役小角（えんのしょうかく）。

②、戯曲。坪内逍遙作。三幕。大正六年刊。役行者伝説に取材。大正一五年初演。

このように解説され、千三百余年も昔の古代飛鳥時代の不思議な人物である。

それがふとした契機から、「役行者」を調べようと決心をしたのである。何時しか伝説・伝承の森に迷い込んでしまった。最初、「役行者の森」へは伝記を探しながら入り込んだ。こうして森をさまよっているうちに、古典・歴史書・仏教史や文芸作品にふれて、役行者あるいは小角とあれば、一行の文章にも引きつけられたのであった。

役行者は、呪術者・優婆塞・居士・道士・奇僧・超人・神仙からシャーマン・超能力者・神変大菩薩といろいろに呼ばれている。このように、役行者ほど、いろいろな顔をもつ人物も稀ではないかと思う。行者の伝記を探っていると、仏教僧による伝記、小説作家による人物像、歴史家の描く小角像、実に多様である。一介の里の呪術者、験の著しい霊能者とも、あるいは読経瞑想にふける僧侶とも、あるいは滝に打たれる大阿闍梨《だいあじゃり》の姿も浮かんでくる。また、多くの配下を従えた密教集団の首領とも、金鉱探しの山師の頭領の姿も映ることがある。

役行者の話には、行基や空海、後の聖宝理源大師をはじめとする修験者の事績など、さらに仏教説話なども入り交じり、法華経の影響もうかがわれる。諸国修行の山伏たちが、時には名僧の説話などを、役行者に仮託して話をしたことも伝えられているかもしれない。

役行者伝には、呪術者として奇異な行動が多くもられていたり、誇張と思われる話もある。もし、確実な史実のみをあげようとすれば、それは数行の記録に止まってしまう。市聖と呼ばれた空也も、確かな事実を追いつめて行くと、骨と皮ばかりの哀れな法師になってしまうという。

説話・民話には、事実でないことも多いが、それが生み出されるだけの因縁があったので、不思議に思われることも多いが、それによって役行者の一面が理解されるならば、尊重すべきであると思う。

修験道の開祖としての信仰上の神変大菩薩と、日本の歴史上実在した役君小角の人物像は、完全には相重ならない。役行者の伝記を探ってゆくと、多くの不思議な、あるいは奇妙な矛盾にみちた謎が秘められている。しかも、小角の偉大さに全く呪縛されているようにも思われる。

役行者の伝記の森の中をさまよい、迷った末に探り得たこともあった。そこで、呪縛を解きながら確かめ得たこと、気付いた点や出会った疑問などについて、書き留めておくことにした。もし、いつか同じ迷路にふみこんだ旅人には、なにほどかの道しるべになるかもしれない。

役行者は修験道の宗祖とされているけれども、他の宗教の開祖のように、難しい教義は何も書き遺されてはいない。行者の教えは、黙々と山に登る修行にあり、その教えは以心伝心といわれる。「行《ぎょう》」すなわち実践実行の修行を重ねて、幾たびも山に登るうちに、いつかは、役行者の教えを悟ると山伏の伝統は教えている。

山伏たちは小さな虫を踏むのも、また道の修理に鍬を振るうことさえも避けて、生命とそれを育む自然を大切にした。四季に変化してゆく山の大自然に接すると、現在の周囲の生活環境が、いかに本来の姿から変わりつつあるか、理解できるでしょう。山に登り信仰が深まるにつれて、役行者の偉大さが、しだいに感得されるようになるのではないでしょうか。

宗教学者でも歴史の専門家でもない素人が、不思議な因縁にひかれ、興味につられ入り込んでしまった。行者の遺徳を犯してはいないか、誤りをおかしていないかとおそれている。お気付きの点は、宜しくご教示下さるようお願い申し上げたい。

この本が、役行者に関心をお持ちの方に、少しでも何かの参考になればよいがと願っている。

平成八年　二月一六日

著　者

目　次

第一章

役行者、出自と名の謎

父母は誰か
不思議な出生
小角は「おづぬ」と呼ぶのか

一　役行者の出自

大和の国では、若者が「山上参り」といって役行者が修行した大峰山と呼ばれている山上ヶ岳に登っていた。この山上参りの行をおえると、はじめて一人前の男と認められた。この風習は、戦前まで各地域に残されていて、青年たちの期待していた村の行事であった。大峰山麓の宿屋の厚い客帳には、各地の山上講、行者講あるいは特有の講社の先達らの住所と名前が連綿と書き残されている。

山上に登ると、恐ろしい絶壁を登ったり、逆さになって覗く行場がある。「鐘掛け岩」や「西の覗き」と、それぞれ行を終えると、時には身震いしながら、剣を握り索縄をもち牙をむきだした恐ろしい憤怒の不動明王の像の前にならんで、先達の唱える行場歌を大きな声で唱和する。各行場には、不動明王と役行者の像が建立されている。表・裏の行を済まして山頂の本堂に辿り着く。「山上詣り」は、また「行者参り」ともいわれて、先達をはじめ、大峯に毎年登る信者たちは、役行者を「行者さん」と尊敬と親しみをこめて呼んでいる。

各行場や、参道の脇や、修験の寺院の本堂や、あるいは行者堂に祀られている。その像を拝す

江戸期の「山上参り」風景（『大和名所図会』寛政3年）

ると、聖者のようなお姿、武士のような風貌、口を阿形にあいた童子のような木像、あごひげを垂らして口を結んだ吽形の翁の銅像まで、実にさまざまなお姿をしていられる。おそらく、信者の方々は、日頃、拝んでいた役行者像から「行者さん」のお姿を頭に浮かべられるだろう。

さて、役行者《えんのぎょうしゃ》は、今から約千三百年も昔に、大和国の葛城《かつらぎ》山のふもとで産声《うぶごえ》をあげた。そこは、葛城山脈を西にながめる葛上《かとのかみ》の郡茅原《ちはら》の里、今の奈良県御所《ごせ》市茅原である。

役行者の係累について、確かなことはほとんどわかってはいない。しかし、母の名は、大和高田市奥田の福田寺《ふくでんじ》行者堂にまつられ、また茅原辺りで今も呼ばれているという「トラメ」が実名であろうと思われる。[1]刀良売（女）あるいは都良売（女）の字が当てられると思う。

このトラの語源にかんして柳田国男氏は、トウロとかトラという名は、古代の巫女《ふじょ》の生日足日《いくひたるひ》のタルとか、神功《じんぐ》皇后の別称オオタラシヒメのタラシと同じ語源からきたものではないかという。「トウロ」と呼ばれた大和吉野の都藍尼《とらんに》の他にもトウロの巫女の話がある。白山のふもとに融婆《とろうのばば》という尼僧が住んでいたが、民衆をまどわす鬼道の術をつかったという。また、若狭小浜の止宇呂尼《とうろに》が、二人の従者をしたがえて越中の立山に登ったが、女人禁制の結界を越えたところ、額《ひたい》に角が生えて身は姥《うば》石にかわり、したがっていた女性は美女杉にかわってしまったという話がある。

古代の巫女には、このように、トウロあるいはトラという名が、多いようである。

しかし、小角の母の名のトラは、阿末都良《あまづら》（天葛）に由来しているのではないかと思う。天葛は、古代には甘味料として使用され、「甘葛の使《あまづら》」として延喜式には諸国から貢進した記録がある。『私聚百因縁集』の著者愚勧《ぐかん》が、苦心した末に天葛の和名と古名、トラとトトキとをくみあわせて、白専渡都岐とつけたのであろう。両親の名前がはっきり書かれているのは、鎌倉時代の『私聚百因縁集《しじゅうひゃくいんねんしゅう》』（正嘉元年、一二五七）が最初で、母は高賀茂白専渡都岐麻呂《しらとうとときまろ》、父は高賀茂間賀介《まかげ》麻呂《まろ》となっている。

おそらく、役行者の母の名のトラは本草学の和名で、その古名はトトキで、都渡岐や十十寸の字も当てられている。役行者の生地の葛城を偲んで、愚勧和尚は、トラメの呼び名をもとに、役行者の両親の名を書き留めたのであろう。『役公徴業録』では、母の名を都渡岐氏としている。一般に、白専女という名で知られ、『役行者本記』には母は葛城君白専女《しらとうめ》としてあるけれども、古代には、白専女という女性名は、まだなかったようである。おそらく、最初に平安時代になって、白拍子らの座で踊る巫女であろうか白専女の名がでてくる。この白専女という名には、多分に呪術的な意味が込められている。伊賀専女というのは狐の異称であって、白専というのは白狐ともうけとれる。古代から、呪術者は、しばしば白狐を使って卜占の託宣を下していた。

役行者の父については、謎めいた不思議なことが多い。『私聚百因縁集』で高賀茂間賀介麻呂《まかげまろ》としているのが初めてである。しかし、六〇〇年余りも後のことである。『役行者顛末《てんまつ》秘蔵記』では高賀茂間賀気麿となっており、また『役公徴業録』では賀茂間賀介麿としている。当時は、人名に牛飼や犬養のように動物の名をよく用いたから、おそらく立派な雄馬を思わせる鹿毛《かげ》から、さらに真鹿毛《まかげ》の名をかりてマカゲの当字をいろいろとつかったのだろう。

役行者の弟子義元が書いたとされる『役行者本記』の作者はかなり苦心している。まず父の幼名を大角としているが、これは明らかに『日本書紀』にある大角・小角をヒントにしたものである。成人して高賀茂真影麻呂《まかげまろ》と改めた。出雲の国意於郡には賀茂氏の神戸《かんべ》があり、父は出雲国の富登江の賀茂氏の出身であるとしている。しかし、小角が物心もつかない幼い頃には、なぜか父親は出雲に帰っている。

『修験三正流義教』文政六年（一八二三）では、父は高加茂十十寸《ととき》麿君、母は高加茂白専君といい、葛城氏の実女となっている。

このように、高賀茂姓となっているが、役行者が生きていたころには、この姓はなかったはずである。


小角の両親の出自に関しては、それぞれいろいろな話が伝えられている。

小角には、父がいなかったという話もある。『修験心鑑鈔』（寛文十二年、一六七二）は、役行者の教えに聖宝《しょうほう》が解釈を加えたとされる会津若松の常円の著作である。これには、小角には父がいなくて、母は悪女であったと書いてある。

あるいはまた、『役行者本記』の系譜の部には、誤った説としてこんな話が書いてある。第二五代仁賢天皇の頃、大臣平群真鳥《へぐりのまとり》は国政を奪ったために最後に謀叛人として殺された。その子孫が葛城山のふもとに住んでいた。小角の母は真鳥の孫娘にあたるために男がいなかったけれども、野合して生まれたのが小角であるという。

『深仙灌頂系譜《じんぜんかんじょうけいふ》』では、小角の父を暗に架空の人物として化人渡都麻呂《けにんととまろ》としている。『鎮西彦山縁起』(2)の中に奇妙なことが書いてある。小角の祖先は高賀茂神十一世孫、小角は母に父の居所を問うたところ、母は天から小さな牛の角が口の中に飛びこんだ夢をみて妊娠し、生まれる時には臍から光明が出て南方の紀州牟婁郡備里にとまった。そこに父がいると答えた。これを聞いて、小角はますます母に孝行したという。やはり、父は化人と書いてある。化人というのは、仏菩薩が民衆を救うために、人間に化生《けしょう》されたのである。

これらの一連の話では、父は紀州牟婁郡の人。小角が父に会いたい孝心から熊野へ赴いたことになっている。

藤東海氏の『役行者御伝記図会』（嘉永三年、一八五〇）では、役行者は舒明天皇のご落胤となっている。

舒明天皇五年（六三三）三月に、天皇が茅原のたぐいまれな美女賢女、白専女の里に行幸なされた。その夜彼女は独鈷杵が口にとびこんだ夢をみた。翌六年正月一日玉のような男子が誕生したが、不思議なことに額に小さな角があった。それ故に小角と名付けたという。役行者に父がいなかったのに、出生したと疑うむきもあるが、天皇が茅原の里で彼女を召し出し深くいつくしみ給われたのであった。

この話は、役行者が生まれながらにして三宝を信仰した、仏教の申し子とするために、仏具である独鈷杵を呑み込ませたのであろう。

役行者が修験道の開祖とうやまわれるようになると、伝記にはどうしても父の名がなければいけない。小角の父が真実、賀茂氏の直系か、母方の姓を名乗ったのかわからないが、いずれにしても、小角の父母が公然と記録されているのは、六百年以上も後のことである。確かな伝承とうけとめられるのは、刀良売（白専女におきかわっているが）という小角の母の名だけで、後の伝記の最初に書かれた両親の名も、その由来は作者自身がもっともよく知っているだろう。

二　賀茂役君小角の誕生

役行者について、最もふるい公的な日本の歴史書『続日本紀《しょくにほんぎ》』の短い記録が、唯一のものである。したがって、古い信頼できる記録とすれば、これ以外にはないといってよい。これには、役行者は「役君小角」とかかれている。役は氏《うじ》である。君は姓《かばね》であって、名が小角である。

役とは珍しい氏であるが、当時は職能によって付けられたものである。役は「エ」あるいは「エン」とよばれたようで、一般に役とは、エダチすなわち使役《しえき》の意味である。

役というのは、どのような職種だろうか。役には、「公作ノ役ノ調役」という税金の代わりの仕事から、「遠キ役・大役」というような戦に出る労役まで、内容もいろいろであった。役首、役直、役君、役連《えのむらじ》も「役」はいずれも使役のことで、河内の役連の先祖は役民の長として奉仕(3)

していた。

公的に奉仕する役柄であって、国家に対する「役」であると考えるべきであると思う。『日本霊異記』には、役行者は「賀茂役君、今の高賀茂朝臣《たかかものあそん》」とあるが、単に役君であって、賀茂役氏ではなかったはずである。賀茂役君としても、それは小角の没後のことになる。しかし、その賀茂役君として、その職務についていろいろに説明がなされている。

賀茂役氏は、それぞれ何かの職務を通じて、世襲的に宗家の賀茂氏を援助することを特権とした氏であるとか(4)、あるいは、葛城鴨氏の先祖の霊をまつる司霊司祭を職能とする役であって、小角は、神祇に関係ある氏か、祝部《いわいべ》の長であるという。また、小角は葛城の賀茂氏に従属しながら、呪術と医療をもって奉仕する家柄であったとも考えられている(5)。

このように、賀茂氏に従属、使役されるように考えられているが、この賀茂役は、地名と職能をあわせた複合姓で、蘇我倉氏や石川倉氏が朝廷の倉をあずかる公的な職柄であったと同様に、公的な役である。しかし中には、賀茂氏はきわめて古くは製鉄とのかかわりがあったから、役とは採鉱の役を意味したとみられるという意見もある(6)。

おそらく、むかしから賀茂の地において、神事に関係する使役もしたかもしれないが、賀茂氏のみに仕えたのではなく、公的な役務であったと考えたい。

『続日本紀』の養老三年（七一九）七月十三日の記録には、「従六位上の賀茂役石穂、正六位下の千羽三千石ら百六十人に、賀茂役君の氏姓を賜う。始めて按察使《あんせつし》を置く…」と書いてあり、一度に一六〇人に賀茂役君の氏姓を与えている。賀茂出身とか、まったく関係なしである。この時、朝廷ははじめて按察使の制度を設けて、それぞれ国々を分担させ、その国の治安状況をくわしく記録して報告するように命じている。もし、一国に五人宛とすると、予備の人員も加えて三一ヶ国では、ほぼこの人数になるようである。おそらく按察使の要員に当てたのではないかと思う。景戒が賀茂役君としているのは、この時点のことで、この場合でもわかるように、単なる賀茂家の使役人の役目ではなく、広く国家に奉仕する使役である。

さて、やはり賀茂氏についてもふれておかねばならない。小角も賀茂氏の一族であったかもしれないが、遠い先祖は、鴨族で賀茂あるいは加茂氏とも書かれるが、古代大和の豪族として栄えていた。古代、葛城山のふもとには高尾張氏、また今の金剛山のふもとには葛城氏と賀茂氏がいた。葛城氏は先祖の高皇産霊尊《たかみむすびのみこと》を高天《たかま》彦社にまつり、一方賀茂氏は、部族の中心が佐味地方で、吐田《はんだ》郷の名柄を中心に水田耕作をしていた。賀茂氏は、祖神を下鴨社と呼ばれる鴨都味波八重事《かもつみはやえ》(11)代主命神社にまつっていた。出雲族の分派とみられる加茂一族は、御所市の南の加茂郷に住んでいたともいわれる。

鴨族すなわち賀茂氏は、もとから葛木に土着の部族であったが、かれらの土地は大和朝廷にほとんど奪いとられたために、その怨念は賀茂族の子孫へと引きつがれてきたらしい。朝廷では、賀茂一族が反逆するのを恐れて、事ある毎に彼らを大和から根絶やしにしようとした。そのために大和朝廷は、賀茂族に対して、不穏の空気がありはしないかと、絶えず警戒しなければならなかったともされている。

『新撰姓氏録』によると、賀茂氏には、開化天皇皇子の鴨県主《あがたぬし》・山城国神別の賀茂県主・大和国神別の賀茂朝臣との三つの系統がある。(7) 賀茂役君とすれば、小角は賀茂朝臣の係累につながるもので、これは賀茂族の主流で、もとは葛木の鴨社に奉仕する神主であったという。

つぎに役君小角の、君という姓であるが、君とも公とも書かれ、ともにキミ姓である。この君の姓はかなり古くからあるので、継体天皇の時代から後の天皇に近い皇親族の諸氏や、また筑紫君のような遠い地方の半独立的な土豪に与えられている。また、祭祇的に古い伝統をもつ三輪君や鴨君などの地祇系の氏族にも与えられている。役君小角、賀茂役君も、この地祇系統の君姓にあたるものと思われる。

さて、役行者の名は小角と書かれて、その確かな呼び方がわからない。

現在一般には、「おづぬ」が多いようで、「おづの」とも訓付けされているが、はっきりとした根拠(8)は不明である。明らかな由緒が、どこにもみあたらない。『大和絵巻』に「こすみ」、また浄《じょ》瑠璃《うるり》『役行者大峯桜』には、「せうかく（しょうかく）」と仮名づけされている例もある。もともと、役行者の伝記の多くは漢文で、訓付けがない。古い『日本書紀』にある角という字は、ツヌともスミとも読まれている。角は角鹿《つぬが》のようにもよまれるが、ツヌは都努朝臣牛飼のようにはっきりと都努と書かれているのもある。

小角の名前は、最古の『続日本紀』巻第一に、初めて役君小角とでてくる。この巻は菅野朝臣真道等奉勅撰となっている。この巻を通じて、文字も用語も、おそらく統一した漢字で、慎重に書かれたものと考えると、文章の中に呼び名の訓付けの根拠をもとめることができる。

巻第一にある小角に類する名をさがしてみると、文武天皇四年六月甲午《きのえうし》（十七日）に鍛造大角がでてくる。鍛造大角は、後の和銅四年夏四月（『続日本紀』巻第五）にある鍛《かぬ》師《ち》連大隅《おおすみ》、また養老四年春正月（『続日本紀』巻第八）の鍛《かぬ》冶《ち》造大隅《おおすみ》とは、同一人物である。したがって、大角と大隅とは同じ訓でよぶべきであると考えられ、大角は〝おおすみ〟と呼ぶべきであって、〝おおづぬ〟ではない。これと同じようによむと、小角は当然、小角《おすみ》とよまねばならない。同じ第一巻に、同じ撰者が、小角・大角と書けば、この小角は、「おすみ（おずみ）」、あるいは〝こすみ〟と読むべきと考えられ、小角の名は、「おづぬ」ではなく、「おずみ」と呼びたい。

『木葉衣』の著者行智《ぎょうち》（一七七八〜一八四一）も「をすみ」を主張している。(9) かれは伝教大師最澄の父三神安角《やすずみ》が、角を澄に変更したいと申し出ているが、これは角の代え字《すみ》なのである。また、『修験道初学弁談』巻之上、元文二年（一七三七）には、役君澄公とあるが、角の意味であろう。

「おづぬ」「おづの」というのは、もとは小さな角の意味であって、古代は「ツノ」を「ツヌ」とよんでいた。『日本書紀』に、大角・小角と当時の吹奏軍楽器がでてくるが、もちろん角製の楽器である。また、生まれたときに、頭に独鈷杵の形の角があったからという解釈もある（『修験三正流義教』文政六年、一八二三）のは、「おづぬ」説の根拠になるだろう。

いずれにしても、その根拠は、かなりあいまいに思われるが、いつの間にか定着しているようである。鍛治大角の角は、おそらく製鉄、鍛冶に必要な炭に因んだ名であるのかもしれない。

三　役小角の誕生はいつか

役行者は、古代の人である。かれの生年は、平安時代から鎌倉時代にかけての古い伝記には、全く書かれていない。何時の頃に生まれたか、文字になっているのは、室町時代[10]以降になってはじめてである。

多くの役行者の伝記を探ってみると、誕生した年は、大きく三説に分けられるように思う。天智天皇三年（六六四）説、舒明天皇二年（六三〇）あるいは六年（六三四）説、および継体天皇三年（五〇九）説である。

一番古いのは、継体天皇三年誕生である。この説を強く主張しているのは、『木葉衣』の著者の行智で、『（熊野修験）指南鈔』にある。行智は、利修仙人が役行者の兄弟で、三河国戸隠山を開いて鳳来寺を建てた。この『鳳来寺縁起』によると、寺は推古天皇の時代に創建されたことになっている。したがって、役行者は、かならず推古天皇時代よりも前に誕生したはずであるから、継体天皇三年であるとしている。しかし、小角が継体天皇三年に生まれたとすると、文武天皇三年には百九十歳余りになる。これは、まったく説得力に欠けている。

つぎは、役行者が、舒明天皇三年、あるいは六年に誕生なされたという説である。

室町時代以前の初期の役行者の伝記にあるのは、小角が葛木山にこもりはじめた年齢とその期間だけである。

年齢については、「四十有余歳を以て更に巌窟に居り」（『日本霊異記』）、また、「歳三十二にして家を棄て」（『元亨釈書』）とあり、葛城山にこもった期間は、どの伝記もほとんど「三十余年」となっている。また伊豆流刑の期間は三ケ年である。

もしも、小角が四十有余歳から葛木山にこもって、仮りに三十有余年山に居たとすると、生年は文武天皇三年（六九九）より七十数年も前の推古天皇の時代になる。あるいは葛城にこもったのが、三十二歳とすると、山籠もり三十余年を加えた合計六十数年をさかのぼった舒明年間になる。『役行者本記』では、舒明天皇六年に誕生、また『役君形生記』や『役公徴業録』も同様である。他方、『修験修要秘決集』や『修験心鑑鈔』などの教義集では、三年としてある。

しかし舒明天皇六年か三年か決めるのが難しい。舒明天皇六年説は、この年に彗星が現われたことを、聖者の誕生、すなわち小角の出生に結びつけたのだというのも納得できそうである。なお、宮城氏[11]は、聖護院の伝統による舒明天皇元年正月朔日の説を採用すると述られている。役行者は、舒明天皇時代の初期に生まれた、と考えるのが妥当のように思う。

さらに、天智天皇三年に誕生したという事も考えられる。

これは『諸山縁起』中の「大峯縁起」によると、役行者熊野山参詣の日記には、

　行者自ら二神《ふたかみ》の上の峯にのぼる。箕面《みのお》寺の方に異相を見て驚き、にわかに行者が、かの山に行く。……略……　朱鳥《あかみどり》元年（六八六）の春二月四日、己巳《つちのとみ》の卯《う》の時に滝本出ず。この年二十二歳なり。熊野山両所権現の御宝前に参詣する途中に、不思議の神変所々にあり。これを記す

とある。朱鳥元年に、役行者が二十二歳であったならば、誕生したのは天智天皇三年になる。『役行者顛末秘蔵記』では、役行者天智天皇白鳳四季甲子《きのえね》（三年、六六四）紀州に生まれると書いてある。「大峯縁起」を参照したのか、わからないが両者はまったく一致する。

なお、天智天皇白鳳三年十二月二十八日について、宮城氏は当麻寺が落慶した白鳳十年には、小角は十歳未満で、また伊豆配流の年がわずか二十五歳で、合理的とは考えがたいと反論されている。

さて、誕生日であるが、役行者の出生の年代も確定していないのに、なかなかわからない。

いろいろ伝記を探ってみるとつぎのように書いてある。

正月一日。この日に懐妊して十ケ月後の十月二十八日。また、三月一日に懐妊として十二月二十八日、あるいは七ケ月後の出生の十月二十八日もある。四月八日に誕生したとするのは、釈迦の誕生「花まつり」の日にあてている。

いずれにしても確実な生年月日は、記録もなくわからない。後の世になって、伝記作者が頭をひねり、事績などを元に数え上げ、あるいは啓示がひらめいたと、適当なよき日を誕生日と書留めたのであろう。しかし、行智のいうように、知らないことは知らない、としておくのがよいかもしれない。

役行者の誕生地に関しては、「大和の国の葛木の上郡茅原郷矢箱の村」(『私聚百因縁記』)、「大和の国の葛木の上の郡茅原の里人なり」(『役君形生記《えんくんけいせいき》』)、あるいは「大和葛木郡茆原の里人である」(『役公徴業録』)とある。他の伝記には、茅原・千原あるいは茆原となっている。地名の文字に相違があるけれども、これらはすべて御所市茅原を指している。なお「矢箱の村」とあるのは、『私聚百因縁集』と『役行者本記』だけである。「弓削《ゆげ》の里」で生まれた弓削道鏡も、『孔雀明王呪経』を信じた葛城の行者であった。矢箱と弓削は、ともに因縁がありそうな里名であるが、矢箱村については他の記録は知らない。

ここはおそらく、そのころ茅《ちがや》が生い茂る野原であったのだろう。茅原は、もともと神々の霊を招いて卜問《うらとい》(呪術)をする場所で、何かの神事か呪術に関係がありそうな場所と思われる。古代には茅で茅輪《ちわ》を作ったが、今でもこれをくぐると、厄除《やくよ》けになるといって、各地の神社や寺院でもときおり行われている。

現在、奈良県御所市茅原には、役小角の生誕地として、本修験宗総本山茅原山金剛寿院吉祥《きっしょう》草寺がある。近鉄御所線の御所駅から、奈良交通バス八木行で約一五分、茅原下車。あるいはJR玉手駅で下車して徒歩五、六分である。

役行者像（茅原吉祥草寺）

この寺は、かつては茅原寺と呼ばれ、北門が大和高田市奥田に、南門が大口峠にあったほどの大寺であったという。南北朝時代の貞和五年（一三四九）に、高師直《こうのもろなお》が南朝方を攻めた時、戦火によって焼失した。今は、本堂、祖師堂（行者堂）、観音堂と仁王門などが残っている。本堂には本尊不動明王を中心とする五大力尊像がある。祖師堂には、役行者が刻んだと伝わる三二歳の自らの像と母堂像がまつられている。境内には、熊野権現もまつられている。茅原の里は、また「新井の里」とも呼ばれ、小角誕生の時に、産湯につかったという香精童子「産湯井戸」がある。

また、吉祥草寺から北へ約三キロ、大和高田市奥田にある捨篠《すてしの》神社の地に、小角の母刀良売《とらめ》が住んでいた。小角が誕生の時に、境内にある弁天池の水を産湯に使ったと伝えられている。今も奥田にある蓮池山福田寺行者堂には、小角の生母刀良売像が役行者像とともにまつられている。地元の方は、「とらめさん」とよんでよくお詣りをしている。今も、毎年七月七日に行われる吉野山蔵王堂の「蛙飛び行事」には、この蓮池に生えている蓮の花が供えられる。

第二章　神童小角の謎

役優婆塞は、出家したか

龍樹菩薩から孔雀明王呪を授かる

一　小角の幼少年時代

小角が生まれた茅原の里は、そのころ勢力が強かった豪族蘇我氏の領地であった。もともと蘇我氏の一族は曽我川の流域から南へ、さらに東の飛鳥の方へとしだいに領地をひろげていた。かれら一族が、葛城山のふもとの方までしだいに領地を広げたのは、蘇我稲目《いなめ》の頃であった。そうして、小角の少年時代には、天皇家と威力を争うほど、権勢をほこる全盛時代であった。

皇極天皇二年（六四三）春二月、突然あられが降って、咲き匂っていた桃の花を痛めてしまった。かんなぎ達は木の枝を折って木綿《ゆふ》を垂らし、蘇我大臣が橋を渡るときに、われ先にと神語のお告げをした。そのあまりに多いかんなぎのざわめきは、人々を気味悪がらせた事件であった。かんなぎというのは、神と人とが交感する仲介者で、当時の社会では重要な存在であった。

小角はすくすくと成長した。茅原の辺りには、賀茂氏の一族が住んでいた。かれの母刀良売《とらめ》は信仰深い女性で、霊能者のような性格の女であった。呪術者の系譜につらなる小角は、母のもつ巫人《ふにん》としての血を、多分に受けついだのだろう。小角の幼少年時代の様子を伝記の中から拾い出してみよう。小角の神童ぶりをあらわした話がある。

小角は、幼い時から近所の子供たちとは遊ばないで、いつも独りで泥土をこねて仏像を作っていた。また、小石や木片を集めてお堂や塔を造り、礼拝するのが楽しみのようで、いつも喜びながら遊んでいた。小角は、子供ながらも、物事の正邪をよくわきまえていたので、人々に不思議な感じを抱かせていた。六歳の時のこと。

「私は、まだ子供である。大きくなったら麒麟《きりん》に比べられるような男になりたい。麒麟のような大角にはなれないかもしれないが、せめて名だけでも小角としたい」

と父にうったえたという。父は呆《あき》れたが、ついに自ら小角と呼ぶようになった。

七歳になった頃から、小角はしきりに不思議な形の文字を書いて礼拝するようになった。

ある日、これを見ていた旅の僧が、

「これは、尊い梵字《ぼんじ》の御仏《みほとけ》である。この子は神童であられる」

と顔色を変えておどろいたという。小角は八歳になって、学問を学びはじめたが、

「この子は生れながらよく物事を知っている。この子は聖者の生まれ変わりである」

といって小角の師が感心したという話もある。

ちょうど、小角が九歳のころであった。皇極天皇三年（六四四）には、蘇我蝦夷《えみし》と入鹿《いるか》が、多く

の使役の人々をつかって、天橿《うまかし》の丘に蘇我本宗家の大きな城のような邸宅を建てた。その上、天皇家だけしか建てられない大きな親子の墓を、今来《いまき》の里に造った。蘇我一族は、これらの作業に、上宮の部民までも使う勝手なふるまいをしたので、人々の憤激をかっていた。

さらに蘇我大臣入鹿は、葛城の高宮の地に、先祖をまつる祖廟を建てる大工事をおこなった。葛木山のふもとの村の人々も、おおぜい動員された。その完成の祝宴には、天皇だけがおこなう「八《や》つらの舞」を舞わせる横暴なふるまいをした。そこは、御所市西佐味の西方、金剛山の東南のふもと、今は高宮廃寺址とされている場所である。

小角は、「うまれながら知り、博学一なり。三宝を仰ぎて業となす」（『日本霊異記』）。また『三宝絵詞』には、「その心をみると、うまれながらにしてしる事ひろく、まなんでさとった。三宝をたのみあおぐ事、常のこころざしとしていた」と書いてある。このように、幼い頃から三宝すなわち仏教を信仰していたとある。景戒は、彼の『日本霊異記』には、誰でもやたらに「三宝を学び云々」と書いてあるが、小角が三宝を学んだという最初の記録である。小角は生まれつき賢く、よく勉強したので、広く物事を知っていたので評判が高かったという。

小角は相変わらず、遊ぶ時にも嬉しそうに草を結んで精舎の形を作り、十一歳になった時には、自らわが家を吉祥草寺と名付けたという。

小角が十二歳のときのことである。かねてから、蘇我入鹿と蝦夷の親子の横暴な振る舞いは、人々の反感をかっていた。とりわけ怒っていた中大兄皇子と中臣鎌足《なかとみのかまたり》は、ついに、かれら一族を滅ぼすという大事件がおきたのであった。小角にとっては、おそらく恐ろしい世間のうわさと聞こえたかもしれない。これを境に葛城の賀茂の里にしだいに変化があらわれてきた。蘇我氏の没落は、葛城山のふもと一帯にかけての領民にとっては、嘆かわしいことではなかったろうか。

大化二年（六四六）元旦に、大化改新の詔勅がくだされた。三月二十二日には、薄葬礼を実施する公布がなされた。それまで、多くの役民を従事させて、非常に大きな古墳が造成されていた。しかし、今後は官位によって墓の型式や大きさが定められて、非常に簡素になった。したがって、それまで古墳の造成などの仕事をしていた職能集団の人々は、失業して生活がおびやかされることになった。

かれらには、土地の造成から寺院の建設や土地神の祭りなど、またそれに必要な器具類の製作までいろいろと仕事は多かった。賀茂役氏の職能の一つには、これらに関係する役民を司る役目に関連があったかもしれない。

蘇我氏の没落とともに、葛城山の東のふもと一帯にかけての村人の生活には、灰色の雲が、うっとうしく人々の上に覆いかかっていた。

小角は大化三年（六四七）十四歳、『峯中修行記』によると、慧灌《えかん》僧正にお会いして両一乗の法すなわち『法華経』および孔雀明王の陀羅尼を受けたとある。あるいは、『日本正法伝』によると、十歳の春に、元興寺の慧灌法師をたずねて、その折に『大金色孔雀王咒経』一巻を授けられたという。また、その他に錫杖六輪もの一個、九条の法衣、『妙法蓮華経』七軸、念珠一連、宝鼓大小二個、『梵網経《ぼんもうきょう》』二巻、『仁王護国般若経』二巻、仏舎利塔を賜ったとある。しかし、これは品物の伝授ではなくて、教義の極意を授けられたことであるという理解もある。

慧灌僧正は、もともと高麗の人で、推古天皇三三年（六二五）に日本に来て、勅命によって元興寺に住んでいた。大師が雨請の祈願をしたところ、たちまち験があらわれ大雨が降ったので、特に僧正に選ばれたという。後に河内市辺に井上寺を創立して三論を弘めたので、彼は井上法師とも呼ばれた。

二　役優婆塞　役行者は出家したか

小角は何時のころからか、葛木山に毎日登るようになった。この山の神を敬い、山の霊感を感じて、山岳信仰へ無意識のうちに歩きはじめていた。『源平盛衰記』には、小角が五色の兎を追って山に登ったとあるが、初めて山の魅力にふれた体験であったかもしれない。それ以来、山に魅せられた小角は、なぜか葛木山に引かれるようになった。小角は、わが家の茅原から玉手、蛇穴《さらぎ》を通り、葛木山へと急いでいた。この道は今も行者道という。小角は、名柄から水越峠に通じる途中にある「祈りの滝」でうたれた。毎晩、葛木山に登って暁には家に帰るかれの行動に、しだいに熱をおびてきた。

今の葛城山は、かつては戒那山ともいわれ、その山中には、高さ数丈もある「櫛羅《くじら》の滝」がある。滝の上には安養寺という寺があった。今は戒那千坊址と伝えられている。小角はこの辺りでも修行したという。

小角は、十七歳になった。母や叔父が、かれを出家させたという。叔父の僧願行にしたがって出家した（『役公徴業録』）というが定かではない。また、『深仙灌頂系譜』には、叔父願慶にしたがって出家し得度《とくど》したと記録されている。当時、僧侶が出家するのは、おおむねこの年齢である。役行者が得度したとするのは、江戸期に入ってから流布したのではなかろうか。彼は正式の僧でもなく、あくまで一介の優婆塞《うばそく》にすぎなかった。

その頃からであろうか。小角は人に会うのを避け、心にひとつの転機が訪れていた。眼光はするどくなり、顔にすご味をおびるように変っていた。小角の体に流れる母白専女の巫女の血が騒ぐのであろうか。小角は、名柄から水越峠に通じる途中にある「祈りの滝」や、あるいはまた

「槲羅の滝」で一心に修行をするようになっていた。小角の呪術者としての素質が、この頃から現れはじめていた。

ところで、優婆塞というのは、(1)出家しない在家の男子の仏教信者のことで、出家と同じような仏道修行にはげんでいる人である。

小角の頃には、正式の僧、すなわち官僧になるには、家柄や人数の制限があったので、非常にむつかしかった。したがって、正式の僧になりたいといくら努力しても、自分自身では、どうすることもできない出自の壁もあった。しかし、信仰の篤い者は官僧にならなくても、いわゆる私度僧として山林に入って仏教の修行をした。このように修行をする男性を優婆塞と呼び、また女性を優婆夷《うばい》とよんだ。

中村明蔵氏は、優婆塞や優婆夷というのは、将来には官僧になるだけの意味ではなく、反律令的な性格の面が見られ、私度僧をふくむ広い意味の修行者であるという(1)。おそらく優婆塞のうちには、官僧になれる資格がない者や、政府にたいして背を向けた反体制的な人物もいたのであろう。優婆塞や優婆夷は、また白衣を着て、僧形のものとは明らかに衣服も異なっていた。

小角が在世していたころ、元興寺に住んでいた道昭は正式の官僧であったが、小角は、この山林修行の私度僧すなわち優婆塞で、正式の僧侶ではなかった。

役行者は、もともと『日本霊異記』や『今昔物語集』などには優婆塞としてあるように、平安時代に著された略伝には、役優婆塞となっている。後の光格天皇の勅書にも、優婆塞役公とされている。役行者は正式に出家した公認の僧侶ではなかった。

おそらく、小角が出家をしたというのは、役行者にたいする伝記作者の信仰の篤さが、そのようにさせたのであろうか。あるいは、役行者は、その行状から全く出家上根の人であるけれども、その形相からみると優婆塞で、行者自身が謙遜して役優婆塞といったともいわれている(2)(『修験学則』)。修験道の開祖として、多くの信者の崇拝をうけた役行者は、やはり、弘法大師や伝教大師とおなじように、若くして出家をした正僧であったと信じられていたのであろうか。

三　箕面の滝で龍樹菩薩に会う

茅原の青年行者小角は、たくましく成長していった。一説によると、小角は七歳から二十二歳まで金剛山で修行していたが、箕面に行けと告げる不思議な夢をみたという。あるいは、『大峯縁起』には、「行者、箕面寺の方に異相を見て驚き、にわかにかの山へ行く、生年十九年なり」と書いてある。小角が箕面において修行したという最初の契機は、箕面の方向に不思議な怪しい霊光を見たという。

役行者の箕面における修行中におきた出来事については、多くの話が伝えられている。

小角は、箕面にきて、滝場で一千日修行の満願の日の夜のこと、不思議な夢におこされた。三鈷の松の奥の龍穴に入ってゆくこと一里ばかり、立派な宮殿の門前にでた。瑞雲がたなびいて妙なる調べの音楽がひびいていた。小角はひざまずいて真言をとなえていると、誰かと問う声がしたので日本国役優婆塞と応えると、われは徳善大王であるといって、ただちに門が開かれた。

小角が四方を眺めると、宮殿は金銀奇木珍石でもって飾られ、霊禽異鳥が和やかな声でさえずっていた。美しい旗や幟《のぼり》が若葉の香りを漂わせて吹く初夏の風にたなびいて、摩尼《まに》の法灯が輝いていた。御殿の前に立っている一丈余もある大きな錫杖が、時刻がくると、時を告げて自然に鳴っていた。また正面の大太鼓も、刻限がくると音をたてた。

龍樹菩薩のお側には、弁才天が坐っておられ、その他の菩薩や天人が御殿の内に満ちていた。徳善大王が、香水をとって小角の頭の頂にそそぎ給うた。龍樹菩薩は、小角に本所に帰って修行せよと、秘密の呪法を伝え給うた。小角は大いに喜び、感涙にむせびながら、水上に浮かぶ夢をみて眼がさめた。

こうして、役行者は滝の西の傍らに草堂をたて、龍樹菩薩と弁才天の像をまつった。また、堂の東北に護法のために小祠をたてて徳善大王と金剛童子らをまつった。この滝は、箕の形に似ているので、この草堂を箕面山滝安寺吉祥院と号した。

役行者は、箕面山で七年間修行した。昼は滝の上で孔雀明王呪を唱え、夜は滝本で不動明王の呪を誦した。役行者は龍樹菩薩から『孔雀明王呪経』の秘法と「無価《むげ》の宝珠《ほうしゅ》」とを授けられたという。小角が、龍樹菩薩《りゅうじゅぼさつ》から『孔雀明王呪経』を授けられたという説話は、おそらく小角が〈孔雀の呪法〉を使う呪術者であったこと、また龍樹菩薩が孔雀明王呪の名手であることを結んだ説話と考えられ、役行者伝においては大きな意義をもっている。

また、行者が龍樹菩薩から「無価の宝珠」を授けられる話は、おそらく、『法華経』の「五百弟子受記品」にある「無価の宝珠を衣裏《えり》に繫《か》くるたとえ」を援用したのであろう。これは、その価値が計り知れないほど貴重な宝珠を、衣の裏に縫い込まれていたが、本人は知らなかった。人間は、生まれながら、心中に仏性をもっているが、なかなかこの事に気付かないのと同じことで、これを知ることによって、大きな喜びにつつまれるのである。

これがまた、修験道の山伏たちが着る「鈴繫衣《すずかけころも》」の由来とされている。

小角が龍樹菩薩から「空論」など仏教の教義を授けられたとか、あるいは小角が深く教業や義理を尋ねて勉強した結果、もろもろの法は、すべて「空」であると悟ったという話にも変わってゆく。小角は、幼少の頃から「三宝を信仰した」とされているが、龍樹菩薩から呪法を授けられたことによって、仏教を信仰したという査証が確立されることになる。

役行者が、修行した場所は、滝の頂の東西にある高いところ、また滝の下は南北にある幽閑の地で、後の世まで事跡としてのこされていた。さらに、また行者が、神通力を得て、滝の上の座禅石から、自由に天に昇り降りをしたところは、天上ヶ岳という。

役行者は、さらに険しい修行の場を開いて、錫杖をつき、下駄をはいて天上ヶ岳から降りてきたときのことである。

山中に大きな音が鳴り響いて、大岩が役行者の行く先に湧き出たのである。しかし、行者は驚く様子もなく、飛び越えてふもとへ下った。ところが、滝の水があふれて大きな淵になり、黒龍がとぐろを巻いて道をふさいでいた。行者は、これは山神が別れを惜しんでの仕業に違いないと思い、二尺の木像を山神への遺身として草堂におさめたところ、黒龍は姿を隠してしまった。

小角は、大和をさして箕面から帰った。それからは、生駒山から葛城・金剛の山中で修行をつづけた。また、茅原の道場では、折にふれて、村里に病人があれば、治療につとめ、悩みごとがあれば聞いて相談にのるなど、小角にたいする信頼は、しだいに高まって、その評判は遠くの村までも広がっていった。

斎明天皇時代の役行者の動静は明かではないが、役行者と百済僧義覚との論戦の話(3)が伝わっている。

朝鮮の百済から渡ってきた義覚という高僧が、ある時、役行者と舌戦をしたいと申し込んできた。かれは『大日経』の要点や、多くの仏菩薩の真言について質問をすると、役行者は立板に水を流すように、すらすらと応答をした。

義覚は、行者の偉大さに敬服して、大事に所蔵していた経文などを捧げた。かれは、自分の大士は、かつて山岳猿樵《えんしょう》の所縁によって、『大日経』などを得られた。自分は、久しい間、それを所蔵しているけれども、いまだに全部を理解していないと告白した。

そこで、義覚は役行者に教えを請い願ったところ、その要点をえらんで教えてくれた。よく理解することができたので、かれは、ついに弟子にしてくれるように願って許された。

役行者は、義覚がこれまでに会ったこともない偉い師であった。かれは、行者を師として仰ぐとともに、相ともに助けて三密の奥義を極めた。役行者と義覚の遺法によって、民衆を徳化することが、至れりつくせりになったと伝えられている。

義覚は、難波の百済寺に住んでいた。かれは、役行者の五大弟子の義学と同一人物ともいわれ、あるいは日本軍が遠征して帰国する際に、軍士に伴われて来朝したという。

また、斎明天皇三年（六五七）におきた話が『水鏡』にある。

天皇の重臣である中臣鎌足《なかとみのかまたり》が病気にかかり、とても難病であった。名医はもちろん、神仏に加持祈禱するなど八方手をつくした。しかし、効果が少しもあらわれなかったので、天皇は非常に心配をなされた。

そのころ、百済から渡来した禅尼《ぜんに》法明という高僧がで呼び出された。天皇は、禅尼に鎌足のために『維摩経《ゆいまきょう》』を唱えさせたところ、病気は薄紙をはぐように治ったという。しかし、一説によると、七五日におよぶ祈願も効果がなく、病は篤くなるばかりであった。

折しも、和州の茅原に役行者という不思議な優婆塞がいて、その呪術は著しい験があると評判が高かった。これを聞いて、勅使が茅原に使わされた。役行者は、孔雀明王の秘呪を行ったところ、七日で病気はぬぐうように治った(4)。天皇は役行者の呪は神力だと非常に感心され、行者に位を授けようとしたが辞退して受けなかった。

行者が申すには、禅尼が『維摩経』を唱えることも容易なことではない。どうか、山科《やましな》の里に寺を建て、毎年『維摩経』をあげて、禅尼の徳を讃えて下さいと奏上した。天皇は、役行者の清徳を感心なされて、望みどうりに寺を建て山階寺と名付けた。和銅三年（七一〇）に、寺を奈良に移して興福寺とあらためた。

あるいはまた、こんな話もある。役行者が薬草から薬を調製して、これを鎌足にのませたところ、腹痛がうそのように治った。改めて、役行者の呪法は、その験が著しいのに感心なされたとも伝わっている(5)。

第三章　葛木籠山の謎

葛木の仙人、亡命か
葛城修行の行者たち
行基・道鏡ら

一　小角、葛木入山の動機

茅原の里から西をながめると、低いが細長く南から北へと連なるのが葛木連山で、その中間のくびれたところが水越峠《みずこし》である。今は、金剛・葛城山脈と呼んでいるけれども、金剛山寺が建立されるまでは金剛山という名称はなかった。鎌倉時代の初期であろうか、この寺が建ってから金剛山と呼ばれるようになったという。

葛木山に登って修行をつづけていた小角も、ようやく三十歳になろうとしていた。林間に浴す山暮しに慣れてきた小角の心は、いつしか葛木山の霊気に堅くしばられていた。小角には、山にこもりたいという思いが、爆発しそうにたまっていた。葛木山は不思議な霊気の漂う山である。ついに磁性のように小角の魂に密着して山に籠もる道を選ばせたのか。それとも葛木の山神が小角の魂にとり憑《つ》いたのであろうか。小角は葛木に籠もろうとしていたが、いつのまにか月日が速く流れていた。

小角は、なぜ葛木山に登り、山の主のように籠もるようになったか。まず世間に伝わる「葛木

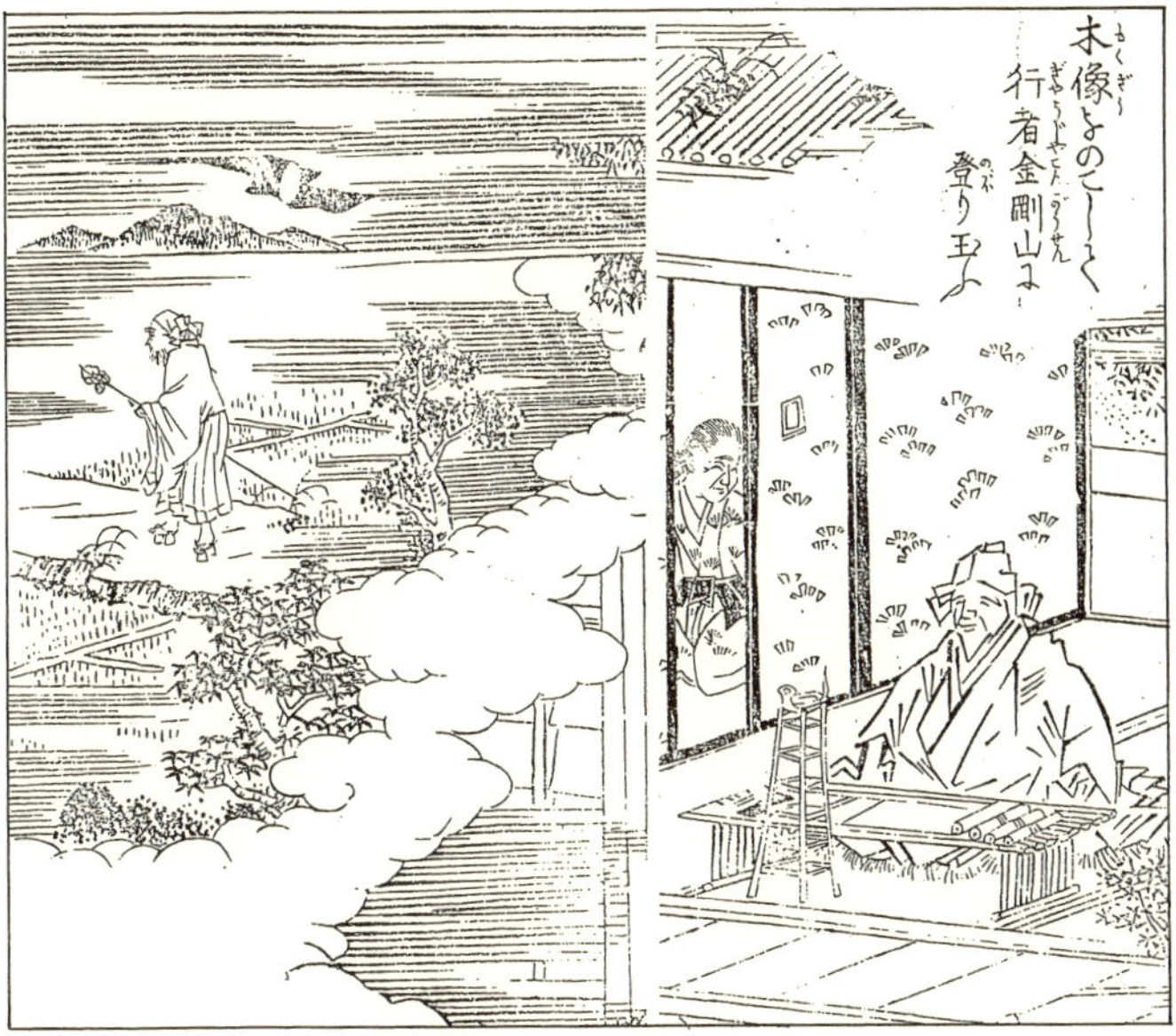

役行者、自己の木像を遺して金剛山へ（『役行者御伝記図会』）

籠山の話」のすじは、こう[1]である。

小角は三十二歳の時、呪力だけで人々を救うことは、自分の真の志ではなく、清浄な深山にこもってさらに修行したいと望んでいた。このことを告げると母は、「お前は今まで多くの人々を救って助けてきたから里人からも大変に敬われているではないか。末世のためといっても、たった一人の母を捨てて山に入り込むのは神仏の心ではない」ときびしく諭した。

小角は、釈迦が出家して山にこもろうとした時、父の浄飯王《じょうぼんのう》は許さなかったが、夜中にそっと檀徳山《だんとくせん》に登って修行した。これは不孝に似ているが、正道に入って悟られたから不孝がかえって孝行になった。自分は、釈迦とは比べものにならないけれども山にこもって修行を積めば、本当の孝行になるといって願った。しかし母は許さなかった。

小角の決心は変わらなかった。自分の代わりに木像を刻んで部屋におき、夜中にそっとおきて葛木山（金剛山）に登った。母は胸苦しい夢で起きあがり、小角の部屋をみると影が映っていた。しかし呼んでも答えず覗いたところ、木像であることにびっくりした。急いで後を追ったが、葛木山は女人禁制であった。もう一度だけ小角に会いたいと泣きながら足摺りをした。倒れているのを山のきこりに助けられ、やむなく茅原の家にもどってきた。

こうして、小角はついに葛城にこもる山中の生活に入ったという。後に、ここの岩は足摺岩《あしずりいわ》と呼ばれ、また小角の木像は茅原寺に安置された。

本邦、最初の仏教説話集『日本霊異記』には、小角が、仙人の世界で清遊することを願い、葛城の岩屋にこもって修行をしたという。つぎのように書いてある。

常に願わくは、五色の雲にかかりて沖虚《ちゅうきょ》の外に飛び、仙宮の賓客《ひんきゃく》とたずさわり、仙界の庭に遊び花苑に伏して、養性の気を吸いくらうことをねがう。この故に、くれにし年四十余歳を以って、更に窟屋に居りまた、『三宝絵詞《さんぽうえことば》』には「仙をもとむる志ありて、葛木山にすむ三十余年、窟中にいて藤衣《ふじごろも》をき給ひ、松葉をくい物とし、清泉にゆあみて心身のあかをあらい、孔雀王咒をならい行して、霊験をあらわしたり。ある時には五色の雲にのりて仙人の城にかよう」とある。

あるいは『元亨釈書』にも、「年三十二にして葛木山に入る、巌窟にいること三十余歳。藤葛を衣となし、松果を食にあて、孔雀明王咒を持ち、五色の雲に乗り、仙府に優遊し鬼神を駆逐す」とあって、すでに仙界で清遊している。

さらにまた、『源平盛衰記』には、「役小角と申すは小角仙人のことなり、… 三歳の時より父に後《おく》れて七歳までは母の恵みにて成人す。至孝の志浅からず、仏道修行の思ひねんごろなり。五色の兎に随うて、葛城山の頂《いただき》に上る」として、すでに仙人としている。

これらはすべて、役行者が神仙にあこがれて修行するため葛木山に入ったとしているから「神仙説」としておく。

平安時代の後期、大江匡房《まさふさ》は道教の神仙思想の影響を受けた。彼は中国の神仙伝を参考にして日本の仙人を選んで、『本朝神仙伝』を著した。これには、日本の仙人として三十余人の神仙をあげている。一には倭　武　命《やまとたけるのみこと》、二には上宮《じゃうぐう》太子（聖徳太子）とし、三番目の神仙として役優婆塞をあげ、こう書いてある。

「役優婆塞は、大和国の人なり。仏法を修行して神力《じんりき》辺《はかり》なし。昔富士山の頂に登りて、後に吉野山に住めり。常に葛木山に遊びて、その嶮岨を好めり。諸の鬼神をして、石橋を両の山の上に造り亙《わた》さしむと欲《おも》えり。皆呪力に応えて、ようやくに基趾《きし》を成したり………」。小角は、仙人になって富士山に登り、また葛木山を遊行し険しい山を好んで吉野山に住んでいたという。

古代、大和の各地方にはそれぞれ豪族が勢力を占めていた。小角のころにはかなり統一されていたけれども、民衆はそれぞれの豪族によって支配された。葛城の辺りは、蘇我氏の領地であった。男女ともに、部民として使役される苦しい労働、重い税金の負担もあった。自由に暮らすことができない、貧しい日常生活であった。

西郷信綱氏(2)は、「役行者の出現を古い山岳信仰とか原始シャーマニズムに関連づけようとするのは、問題を雲散させこそすれ解明するのでなく、問題を共同体の風俗史としてすこぶる牧歌的に眺めている」という。同氏は、山の行者が現れるに至った意味をしるには、やはり精神史の見地が重んじられるべきだと思うと述べ、つぎのように説いている。

「精神史上、何ごとかがここで起こったのであり、それがこの飛躍の引き金になっているとしか考えられない。いうなれば小角は村の生活、つまり、昔ながらの共同体を棄て山林に『亡命』したのである」

ここで言う亡命とは、戸籍を抜け出して本貫《ほんがん》（本籍）を去ることである。小角にとって葛木山は、山の神や狩猟の神の棲家ではなくて、仏道と仙道の秘術を修行すべき霊山になったのである。

小角は個人の志をもって山沢《さんたく》亡命の民となったのであると、役行者を村の共同体をすてた古代の亡命者と考えている。

険しい山岳での修行は、山の霊気にふれて宇宙と一体化することで、そのために修験者は、より険しい山を求める。これを実現するためには、まず村からの訣別が具体的な実践の第一歩であった。「亡命説」としておく。

小角は、戸籍に縛られ、制約された村の生活から脱出したかった。思い悩んだ末に、家をすてて、山を住家の暮らしをするために、葛木山中に居場所を移した。


小角が葛木山に籠もった動機について、世間ではいろいろと伝えられている。三十歳とも三十二歳の時とも、あるいは四十余歳と書いた伝記もある。人生における節目であり、厄年にあたる。歴史上の偉大な仕事をした人たちは、この年頃に心の重大な転機に直面している。人間が、この時期に大きな精神的な変化をうけることは、この世に生まれた宿命である。

小角が、茅原の村を避けて、葛木山に入った真の動機は、何であったのだろうか。しばしば、問われる疑問である。小角自身が、何かの使命感を意識して、葛木にこもったのであろうか。山岳渡渉に明け暮れ、山の霊気に触れた者でなくては、回答ができないかもしれない。

この葛木入山は、小角の生涯におとずれた一大転機であった。小角が心機一転、身も心もとりつかれてしまって、葛木に籠山修行のうらには、何か謎が秘められている。

二　岩屋に住み、葛を衣に松を食う

葛木の山にこもってから、小角は北の二上山から南の金剛山脈、その南端の神福山から西の加太湾にまでせまっている和泉葛城山脈の山々を回峯していた。

今も葛城修行というのは、大和葛城山だけではない。葛城山には、葛城高原にある北の葛城山、岩湧山の南にある南葛城山、西の和泉葛城山の三山がある。

小角が山にこもる生活について『続日本紀』には、「役君小角葛木山に住して…」と、鬼たちに水を汲ませ薪をとらせる生活の一部の様子が書かれている。

また、『日本霊異記』には、葛城に入山した後の生活について、「この故に、四十余歳の晩年に、さらに巌窟に居り、葛《かづら》を着て松を食べ、清水の泉に浴し欲界の垢をすすぎ、孔雀の呪法を修得し奇異の験術を証し得たり。鬼神を駆使すること自在なり」と、小角の衣食住について述べている。

『元亨釈書』には、小角は「年三十二にして家を捨て葛城山に入る。巌窟にいること三十余歳」と住居は岩屋であった。

葛木山系には小角が修行した岩屋はいくつかあり、特に金剛山には聖天窟・文殊窟がある。現在、文殊の岩屋は大宿坊の跡を西へ約三〇〇メートルの尾根の上にある。高さ四メートル程の巨岩の前方にある小さな岩屋である。葛木神社から北へ下ったところに大宿坊がある。ここは、長香上人が弘和元年（一三八一）に役行者の跡をしたい一草庵を結んだのがはじまりという。

岩屋は、また二上山にある岩屋峠と鹿谷寺跡にもある。小角が修行したのはどちらの岩屋か決めにくいが、後者の窟がもっとも可能性が多いと思われている。(3) 小角は、岩屋のなかで冥想に耽るか、あるいは洞の中で仏像を刻んだ。

山中の着衣について、『日本霊異記』には「葛」を着てとある。後の伝記には、「窟中ニイテ藤皮ヲキ給ヒ、松葉ヲクヒ物トシテ清泉ヲアミ……」（『三宝絵詞』）、また「藤皮ヲ被テ、松葉ヲ餌ミ……」（『扶桑略記』）、あるいはまた「藤葛ヲ衣ト為シ、松果ヲ食ニ充テ」（『元亨釈書』）とある。

葛城山系から山城の葛野《かどの》にかけては、葛蔓が木にまきつき、あるいは生い茂って草藪をつくっていた。神武天皇が九州から東征してきた時、この山の原住人の土蜘蛛に苦しめられた。苦戦の末に、彼らが住んでいた洞窟の口を葛の網で塞いで降伏させた。そのために、この地を葛城という名が生まれたという。それほど、この山系には葛が多く生え茂っていたのである。

葛は、長い蔓性の植物で繊維が強く、根にはいわゆる葛粉が多くふくまれている。「葛」を着たのは、おそらく葛布の衣である。当時、衣服は葛や藤のような植物繊維でも織っていた。このような蔓性植物の繊維で織ったものを藤衣といって、古代には貧しい人たちの日常の衣で、この布を荒妙《あらたえ》ともよんでいた。

小角伝には、松、松葉あるいは松果を食べたとあるが、山中で食べる松といえば、松葉・実・甘皮などであっただろう。松は仙人の食物である。『抱朴子』には、中国の仙人が松葉や松果を食べる話がある。毛女は、松葉を食べて飢えも凍えもせず身は飛ぶように軽くなり、身体には毛が生え岩屋の中で琴を弾いていた。赤須子は、好んで松の実を食べ、彼の歯も毛も生え変わった。松葉をたべると感覚が非常に鋭敏になって、真っ暗な闇夜でも物を見分けることができるようになり、また、かなり遠方の物の臭いさえも、感じとることができるという。

現実に日本でも、大和三輪山の付近にすんでいた溝口氏、また丹波の山中の清水氏は松葉だけを食べ、非常に感覚が鋭くなったと事実を語っている。また、大台の仙人小野木喜兵衛氏は、松の甘皮を食べて一二年間も山にこもった。

むかし各地を修行する山伏や聖《ひじり》たちは、野の草を摘み山菜を取って食べ、野宿をして旅を続けた。小角は葛城の山中で、岩屋に住みこみ、松葉や色々の山菜を食物として暮らしていたのであろう。山の生活に慣れてくると、春のウド、ユキササの芽など、秋には茸の類、木実の類は貯蔵することもできる貴重な食料であった。わけても、当時は葛城の山中には、葛根・自然薯や百合根なども豊富であったろう。

古代の山林修行者たちは、多量の五穀を修行の場に携えることがほとんど不可能で、長い修行中はいわゆる木食《もくじき》であった。行者ニンニク・行者イチゴ・行者ブキなどの山野菜などもある。木の実・山菜・野草・水草などを採取して食べ、原始人にも似た食生活であった。明治になって大台山の行者古川嵩《たかし》氏は、実際に姫笹の新芽やフキを糧食に当てたという。

葛城山・金剛山への道筋

三　葛木山の行者

小角は、薬草についてもかなりの知識をもっていた。当時の修行者たちは、言い伝えと経験から、薬草や食べられる山菜のこともよく知っていた。かれは加持祈禱をするだけでなく、また薬草を用いて病気を治した。当時、葛木山は、ふもとから山頂一帯にかけて、薬草が多くいわゆる採薬の場所で、小角は葛木山に薬草を採集する領域を所有していた。しかし、天武天皇四年（六七五）のこと。天皇の命令によって、「王臣に与えた山林原野も収公する」と官有地に接収されて、それまでの薬草採集地は、取りあげられてしまった。

小角は常に一本の独鈷杵を持っていたが、決して武器として使うことはなかった。彼は絶え間のない山中の修行練行によって、身体は鋼鉄のように鍛えられていた。小角の五感は、まるで動物のように目も鼻も耳も鋭くなっていた。眼は鋭く輝いて暗い夜の闇の中でもよく物が見えた。またにおいをかぐ感覚も鋭くなって、五百歩先にある物のにおいもかぎ分けた。

顔は日に灼け、体は痩せてはいても、褐色の皮膚は強く張って、その強くしなやかな筋肉で、かもしかのように速く走り、また猿のように身軽であった。頭には、ぼさぼさの枯れ蓬《よもぎ》のような髪が伸びほうだいで、身にまとうのは葛蔓で織った葛衣であった。

「葛城山は畏れられ、吉野は憧れの地とされた」といわれているが、古代葛城山は霊地であった。かつて、この山の地獄谷にいた狼は、尾の先が二股に分かれ人食狼と恐れられていたが、役小角によって退治されたという。村を離れた小角は、山中で初めは転々と居所を変えて回峯をつづけたが、しだいに洞窟にこもり、あるいは滝に打たれて瞑想する日が多くなった。金剛山と葛城山には滝がある。水越峠には、「行者滝（祈りの滝）」や「万字の滝」がある。今の葛城山には、すでに述べたように、古い時代には戒那《かいな》山といわれ、東側の山中には高さ数丈もある大きな「櫛羅《くじら》の滝」があり、今は葛城山ロープウェイ駅から約五〇〇メートル上った場所である。小角はこの辺りでも修行した。滝の上には安養寺という寺があったが、今は跡だけで戒那千坊址といわれている。

葛木山系には、雲を抜き見上げる程の高山もなければ、昼なお暗い密林地帯ではなかった。しかしふしぎに人を誘う霊感を持つ山である。現在でも生駒から葛城の山々には、なお不思議な霊気がただようのを感じるという霊能者もいる。

ところで、役行者は葛城山では法起《ほっき》菩薩といわれる。『諸山縁起』によると、海中に金剛山という山があり、法起菩薩が住んでおられたと『花厳経』にあるのを引用して、金剛山すなわち葛城山には、法起菩薩がまつられるようになった。

また『私聚百因縁集』巻八には、「凡ソ役ノ優婆塞ハ、金峯山ニシテ大聖威徳天、金剛山ニシテ法喜菩薩」とある。役行者はいつのまにか法起菩薩の権化、すなわち垂跡したのが役行者であると変わっている。あるいはまた、本地垂跡説がさかんに唱えられるころ、葛木の地主神である一言主神の本地仏が法起菩薩として、山頂の転法輪寺の本尊にまつられた。

小角はまた、石寺や大沢寺を開いた。石寺は金剛山の東南の中腹にあり、役行者が百済から招来した薬師如来の石像を安置したので、石寺とよばれた。御所市西佐味に、廃寺跡がある。

また、大沢寺（五條市大沢町瀬之堂大澤寺）は、金剛山の西南、神福山東南中腹にある。小角が、白鳳三年（六七四）に創立して、ここで母の供養をおこなったという。『諸山縁起』には、「神福山、前鷲の石屋と云へり。略…大唐の第三仙人北斗大師は、行者の請を得て悲母のために千の石塔を供養す。講師、唐より五幡を飛ばしてこの神福山に到り着く。大峯の常光童子迎えに来給へり」と記してある。

平安初期になると、葛城山は近畿七高山の一つにあげられる。葛城山のふもとにある高宮山寺（いまは、御所市西佐味、高宮廃寺跡がある）では、百済僧の円勢が修行をした。行基もまた葛城生駒山中で、持統天皇時代から慶雲元年（七〇四）三十七歳まで、十数年から二〇年近く山林修行をおこなった。(4)

弓削道鏡も葛城山にひかれた。かれは河内国若江郡弓削郷に生まれたが、この葛城山を越えれば小角の里である茅原の矢箱村である。彼は若いころに、葛城山で如意輪法・宿曜秘法や孔雀王呪法の修行のために、難行苦行をしたのであった。記録には、行基をはじめ、菩提僊那《せんな》（婆羅門僧）・鑑真・最澄も、葛城において山林修行したと伝わっている。(5)

これらの葛城山系には、大峰の奥駈け修行の七十五靡《なびき》にあたる宿、寺、行場や経塚などが、最も古い鎌倉時代初期の『諸山縁起』によると一〇五ケ所がある。また、『法華経』の二八品にちなんだ二八経塚が設けられている。

第四章

役行者の呪術の謎

鬼神を使役し、呪縛する
空飛ぶ役行者

一　葛木山の行者、鬼神を呪縛する

葛木山に籠もって修行する役君小角のうわさは、山を下さって東西の山麓の村々にひろがって、役行者が荒くれの鬼神を弟子にしているという呪術は、各地の村里では評判をよんでいた。

天智天皇八年（六六九）四月三十日。篤い信仰によって建立された法隆寺すなわち斑鳩寺《いかるがじ》が落雷によって炎上し、それと丁度同じ頃「吉祥草寺略縁起」によると、小角の生家茅原寺（吉祥草寺）も焼失した。

翌天智天皇九年（六七〇）のことである。役行者は、当麻の里で修行中に天皇から召しだされた。それはほのかに白い光明を放つ不思議な石のことで、霊気を放って法悦のような感動をあたえていた。天皇は人々に希望を与える弥勒菩薩の像を彫らせ、小角に寺を建てまつるように命じた。この寺は石光寺（奈良県當麻町染野）といい、今も寒牡丹が咲くので有名な寺である。

この年九月、朝廷では流言や予言を禁止する勅令を下した。また盗賊が横行したり浮浪人が徘回するので、徹底的にきびしく取り締まるために新しい世にいう庚午年籍《こうごねんじゃく》を公布した。

やがて天智天皇が亡くなり、皇位をめぐって大友皇子と大海人皇子が畿内を争乱の渦にまきこんだ壬申《じんしん》の乱がおきた。大海人皇子が勝利して天武天皇となった。吉野で出陣の背後に小角の暗躍援助があったという風評もあったが、確かなことは不明である。戦乱は収まったが、家を失った者や敗者が山に逃げこんで、静かな生駒山中にも、時にはざわめきが聞こえるようになった。

そのころ、小角は生駒山の中腹にある般若の岩屋で修行をしていた。その時のことである。怪しい鬼が出没して、岩屋に石を投げ込んだり、盛んに小角の邪魔をした。ある時、根引きの松で打ちかかったので、ついに小角が怒って錫杖《しゃくじょう》で追い払った。しばらくすると、暗峠《くらがり》に怪しい鬼が出没して、人を襲うとうわさが流れてきた。

そこは樹木がうっそうと生い茂って、昼なお暗い淋しい峠路であった。しかし、浪速に抜ける近道であったので、旅人はよくこの峠を越えていた。鬼が出るうわさが広まると人通りも絶えて、村人は恐ろしくて薪を取りにも行かなくなった。この鬼は生駒山を追われた鬼らしい。村人は困って、小角に鬼を退治して下さいと願い出た。

小角は鬼をさがしたが、日中は隠れて一向に姿を見せなかった。捜しはじめて二一日目ついに鬼の隠れ場所を発見した。そこは、暗峠の手前から生駒山の方に入る淋しい場所であった。今の奈良県生駒郡鬼取町鶴林寺の場所という。

鬼は必死で逃げだしたが、小角が気合い鋭く九字の手刀を切ると、金縛りになって動けなくなった。鋭い目、長い髪、汚れた真っ黒な身体は、男女とも見分けもつかなかった。小角は鬼を引き立て、峠を越えて谷につれてゆき、長い髪をばっさりと切り落とし、汚い身体を洗わせた。さすがの鬼たちも髪を切られ、ついに怪力も封じられてしまった。この場所は、現在の髪切山慈光《こぎりじこう》寺（東大阪市東豊浦町）で、ほととぎすの名所である。今までの悪業を諭された鬼は、小角に連れられ平群《へぐり》の奥の鳴川《なるかわ》渓谷に向かった。

小角は、密法修行を行うこと一千日におよんだ。丁度満願の前夜、千手観音菩薩が現れる不思議な夢をみた。大いに喜んで、この因縁の菩薩像を刻んで安置したのが後の千光寺（奈良県生駒郡平群町鳴川）である。小角が裏山の遠見ケ岳に登ったときに、はるかに大峯の連山を眺めるうちに霊感を得て、そこに道場を建てる決意を固めたともつたわっている。

この鬼たちは、一般に前鬼・後鬼と呼ばれている二鬼である。その名前は、伝記によってちがっている。『役行者本記』では、前鬼・後鬼はそれぞれ善童鬼と妙童鬼と名付けられる。また、『修験修要秘決集』では、夫婦鬼は智童鬼と禅童鬼になっている。かなり後の『修験心鑑鈔』では、夫は赤眼、婦鬼は黄口と名づけられている。生駒で捕われたとき、赤眼は二十余歳、黄口はまだ二十歳前であったという。赤眼と黄口は、『役君形生記』では名を改めて前鬼と後鬼になっている。

江戸時代になると、前鬼後鬼の話には、鬼子母神の説話がまじりこんで、子供を食べる鬼の話に変わってくる。例えば『役公徴業録』では、赤眼と黄口には五人の子鬼、鬼一・鬼次・鬼助・

前鬼（右）後鬼（左）像（吉野郡洞川龍泉寺）

鬼虎・鬼彦がいて、話の筋を明らかに「鬼子母神」に求めている。

この役行者の従者、前鬼と後鬼の仕事は、「水ヲ汲ミ薪ヲトル」ことなどである。「仙人に随って須《もと》むる所を供給して菓を採り、水を汲み薪を拾い、食を設け、乃至、身をもって…略…法のため故に精勤し給侍《くきう》して乏しき所なからしめたり」と『法華経』の「提婆達多品」にある。これが召使の仕事であって、汲水採薪は山伏の基本的な作業である。小角は、前鬼後鬼に、山伏にとって大切な採集・汲水・拾薪および設食などの仕事を命じたのである。

あるいはまた、小角は前鬼と後鬼に命じて薪を集めさせ、護摩を焚いて祈禱も行った。後の真言密教では護摩供養が盛んに行われ、現在も法要など大きな行事には護摩が焚かれる。

ところで、この作業について、沢史生氏(1)は、「多分水金(水銀)作り」であると考えている。葛城土蜘蛛の頭領である小角が、鬼神を虐待してこの作業をさせた。これは、小角が後に伊豆大島に流刑になった罪状の一つであったという。

小角は呪術者であった。鬼神を役使し、「水ヲ汲ミ薪ヲトラセ、モシ命ヲ用ヒザレバ、スナワチ呪ヲ以ッテコレヲ縛ス」とある。すなわち呪縛の秘術がある。

これは「金縛《かなしば》りの術」、また「不動の金縛り」といわれる。修験道では、不動明王の威力によって、人や人に害を与えるものを鉄の鎖で縛ったように、身動きができなくする方法である。

ところが、前鬼・後鬼の話については、二つの異論がある。これはまったくの伝記作者の作り話であるという説と、現実の鬼ではなく亡霊であるというのである。

和歌山の生んだ偉大な博物学者南方熊楠氏(2)は、前鬼・後鬼の話を全く否定して、この話は不学の徒が勝手にいい出したものであるという。

彼は、この話は『阿育王伝《あそか》』にある鬼の話から出たものであると、詳しく考証している。なおまた、「善鬼後鬼と書いたものがあるが、『増壱阿含経《あごん》』にある善鬼すなわち第一鬼を前鬼とし、第二鬼を後鬼とせしより、二匹の鬼を前鬼後鬼と呼ぶにいたりしかと存じ候(毘沙門の脇立に掌前〈善?〉掌悪二童子あるごとく〉」と書き添えてある。

また和歌森氏[3]は、人々が山界に棲んでいると信じていた亡霊のことを、葛城の鬼神の「鬼」という。小角は、こうした亡霊の類を、あやしたり、鎮めおさえることができる達者なまじない師であったので、前鬼後鬼の話は、亡霊のことを強調したいい伝えであるという。

なお、小角は道術者であったから、鬼神を使役したとは死霊を使ったのだという指摘もある。

二　小角の呪術の秘密

その当時、小角は験がいちじるしい呪術師として、世間で非常に評判が高かった。『続日本紀』には、役君小角が「呪術ヲ以ッテ称《ほ》メラレル」とあるように優れた呪術者であった。彼の呪術とはどのような秘法であったのか。最初の記録には、単に呪術としてある。小角が鬼たちを呪縛したが、これもその秘術の一つである。

さて、小角の呪術を〈孔雀の呪法〉と決めつけたのは、『日本霊異記』の著者景戒である。これが、いつの間にか、〈孔雀明王呪〉さらには〈孔雀明王呪経〉としだいに重く格付けされてくる。一体、小角の呪術は真実、『孔雀明王呪経』に基づくものだろうか。ここで、いろいろな疑問が浮上してくる。

従来、これについては、『孔雀明王経』が、まず当時日本に伝来していたかが問われている。その『孔雀明王経』には、数種[4]がしられているが、当時日本に『孔雀明王経』が、はたして伝来していたか疑いが持たれていた。正倉院文書に『孔雀明王呪』二巻[5]がみられ、これは小角以前の訳だから、その時代に伝来していても不合理ではないという。また、そのころ雑密が多く中国から伝わり、殊に『孔雀明王経』はすでに伝来していたから、小角が秘密の呪法を行っても不可解ではないといわれる。しかし、小角が渡来していたとする『孔雀明王呪経』を、実際に修得できる状況にいたかどうかが問われる。日本に『孔雀明王呪経』が広く普及して、孔雀明王を本尊とする修法が、実際に行われたのは平安時代の初期であって、密教が伝来してから後とされている。延喜八年（九〇八）に京都の醍醐寺において、聖宝理源大師[7]が初めて『孔雀明王経』を唱えて雨請の修法を行った。

小角には、正式の仏教をおさめた形跡はないといわれる。当時、〈孔雀の呪法〉が雑密として伝来していたことは確実であるとされ[6]、大化二年には印度の高僧である法道仙人が浪速に来て仏教を広めていた。当然、孔雀の呪法も行っていたであろう。

おそらく、一介の優婆塞にすぎなかった役行者としては、村上氏[9]が説くように、それを利用したことはなかったと思われる。彼の呪法は『孔雀明王呪経』ではなく、保護呪の〈孔雀の呪〉であったと考えるべきであろう。現在でも歯痛、腹痛の時などに唱える孔雀の呪は身を守る保護呪文である。これは密教の陀羅尼の起源となって、これから『孔雀明王経』ができたと考えられている。

蛇の天敵である孔雀に祈る呪法で、しだいにあらゆる病気の治療に効能があると説かれるようになった。さらに、これは天災や怪しい異変を鎮めたり、雨乞や逆に長雨が止むのを祈ったり、あるいは安産などあらゆる息災のために普及した。

この『孔雀明王呪経』には、「殺毒害と神通飛行自在」、すなわち蛇毒などの害を無くし、また空中を自由に飛び廻ることができる二つ功徳[10]があるとされている。すなわち「呪的燃焼」と「呪的飛行」とである。孔雀明王は、鳥の背に乗っている鳥頭有羽の菩薩である。小角は、空中を自由自在に富士山までも飛行する「呪的飛行」術で評判が高く有名になっていた。

小角は、火を用いて呪術を行ったという。その証拠として、つぎの歌が示されている。持統天皇が、天武天皇の挽歌として、

　燃ゆる火も取りて包みて　袋には入るといわずや　面智男雲（巻二、一六〇）

賀茂真淵は、この歌を小角らが行う道術とみて、『万葉考』では「後世も火をくい、火を踏む

わざを為すといへば、その御時在りし役ノ小角がともがらの火を袋に包みなどする怪しき術をなす事有りけん」と書いているが、道士の幻術のように見ているのである。[11]

その頃の神道は、百姓を妖惑するような高い呪的技術を持っていなかったから、小角の呪術は、神道より高い呪的技能をもつ仏教や道教、陰陽道などによっていたものであろうと推察されている。[12]また、その呪法を「孔雀の呪法」とするのは仏教の側からのこじつけであって、小角の呪術・呪法は仏呪のみならず道呪の系統とも関連があると考えられている。

小角の呪術には、大中臣の祓《はら》いから大護摩《ごま》、孔雀の呪などまで、その背景には神道から仏教・道教などが広く影響をおよぼしていると考えられ、強いていずれの宗教であるか枠付けするのもむつかしいように思う。

呪的飛行というのは、役行者に限らず呪術者には、一般的に認められる能力かもしれない。シャーマンが、精神的な統一によって空中飛行のような幻覚状態におちいることは、かなりよく知られている事実である。いわゆる〈体外離脱〉といわれる現象に当たるのであろうか。

霊能者の家系に育った小角には、呪術者としての十分な素質があったと考えられ、佐々木氏[13]は「シャーマンが超能力者、神通者であるように、霊界を飛翔する役行者もかかる能力の保持者であった（少なくともそのように信じられていた）ことは事実であろう」と述べている。

空中飛行のような呪術は、超能力者が持つ不思議な術であって、小角にかぎらず秀れた能力のシャーマンが持つ精神的な高揚であるという。

三　庶民の中の役行者

小角の呪術について魔法とか超能力という意味ではなく、より実際的な可能性について考えてみよう。まず素質である。

小角の呪術は、もともと母のシャーマン白専女から、呪術者としての素質を受け継ぎ、葛城・大峯の山中修行によって、著しく験力を増していた。元来、呪術というものは、器用な人が奇術を行うようにできるものではない。古代から呪術者、陰陽師などシャーマンには、それぞれ家系や血筋があるように、やはり霊能者とか呪術者には、霊感力をもち験力をあらわす特定の素質があるのだろう。呪術者には生まれながらの天性がある。

賀茂氏の係累にはシャーマンの血が流れている。それは、幾代にもわたる先祖から受けつぎ、さらに山林修行によって高められたもので、小角も特有の呪的な感性を持っていた。

陰陽五行説は日本にはかなり早くから伝わっていた。しかも舒明天皇一二年（六四〇）唐から南淵請安《みなみぶちのしょうあん》、高向玄理《たかむくのげんり》らの学僧や留学生が帰朝してから、急速に一般民衆の間に広がった。天智天皇の時代になると、これが大いに流行しただろうといわれる。

賀茂朝臣の家は、代々にわたる陰陽師の家柄であった。後に陰陽先生と呼ばれた賀茂道世は、大変な評判で、まるで人間ではなく神様のようだといわれた。

『新猿楽記』には、「形は人体を受けたりといえども、心は鬼神に通達す。身は世間に住むといえども、神《たましい》は天地に経緯たり」と、彼のすぐれた霊力を伝えている。

タイ国には僧侶が多いが、いろいろの性格の人がいる。その高徳によって尊敬される人、あるいはその呪力・祈禱に験が著しい人がいる。しかし、徳僧であって験力も秀れた人は少ない。タイの僧院において、仏教社会を自ら経験してきた青木氏(14)は、呪術に秀れた呪術僧に対しては、他の面で秀れた僧でさえ、何かあると相談に行くそうである。呪術僧は絶大な民衆の支持を集め、僧院の人間関係の中にあっても超然としており、人々もまたその呪力にすがろうとするという。

ところで、庶民が小角に求めたのは、日頃の病気や悩みからの解放であった。行者の呪術であった。行者の呪術は、庶民の間では、もはや信仰のようになっていた。

後世、役行者の系譜を引く山伏たちに民衆が求めたのは、現在も変わらぬ病気の治療や日常的な悩みごとの解決や災難避けであったろう。

近松半二は、浄瑠璃《じょうるり》『役行者大峰桜』の中で、民衆のいろいろな悩みをあげて語らせている。この浄瑠璃から、庶民の心配事を引きだしてみよう。


神は慈悲身は忍辱《にんにく》の袈裟《けさ》を掛け。夕べは野に伏し大和路を廻《めぐ》り廻りて役の行者。笈《おい》を片背に奥山里の母の顔見つ我顔も。早一昔隔りし。古郷に帰る錦の袖も。麻の衣のしほたれて。難行苦行の修行の身。いと貴くぞ見えにける。近在の百姓共御跡に付き随い。

「行者様のお慈悲にて。今年も麦作綿作米作のよござります様に加持なされ下さりませ」

と。願う跡からぬっと出る。あたまの形《なり》も未申《ひつじさる》。

「俺は此度辰巳《たつみ》（東南）より戌亥《いぬい》（北西）の方へ宿替《やどか》え致します。暦を見れば三年塞《ふさ》がり。身に災難の懸からぬ様に方違のお守り下さりませ」

「私が息子はのら松。ぬっと起きると暮れる迄内に尻が据わりませぬ。足留の御符お書きなされ下さりませ」

「我等が嚊《かかあ》は此月産月。安産の御祈禱を頼みます」

「私は夕べ背戸《せど》口から家尻《やじり》を切られ洗い川。盗まれた物数珠《じゅず》先で祈り戻して下さりませ」

其外金銭米相場。馬の煩い牛疫病《うしやくびょう》の。禁呪《まじない》なされ下されと衣の裾に取付いて。願えば小角一々に聞き届け。

「慈悲万行の執行者《しゅぎょうじゃ》なれば。願いに任せ御符お札を与えん。信心怠る事なかれ」

と。笈を傍におろし置き旅硯《たびすずり》取り出し。五穀成就疫病除。仁王般若の呪文を認め銘々に。与え給えば押合えし合う。
我も我もと押し戴き
「此御恩に寺を建立なさる時。銅瓦の奉加の世話致しましょう。南無行者大菩薩」
と伏し拝み伏し拝み悦び我家へ立ち帰る。

役行者の在世当時のことはよくわからないが、修験道の山伏は、役行者のご利益を説いて、村々の百姓たちに、加持祈禱などをしてまわった。浄瑠璃にあるように、小角は医者、易者、身の上相談、農事家畜の指導まで、里人の人生相談から医療まで救済に尽くしたのであろう。

幸田露伴は、役行者の呪術について語っている。
魔法とは、まあ何という笑《わら》わしい言葉であろうといいながら、「役の小角が出るに及んで、大分魔法使いらしい魔法使いが出て来たわけになる」とのべ、
「小角は道士《どうし》羽客《うかく》の流にも大日本史などではあつかわれているが、小角の事はすべて小角死して二百年ばかりになって聖宝《しょうぼう》が出た頃からいろいろ取はやされたもので、その間にも二百年の空隙があるから、聖宝の偉大なことやその道としたところはおよそ認められるが、小角が如何なるものであったかは伝説化したるその人において認めるほかはないのである。聖宝は密教の人であ

る。小角は道家ではない。…………」といっている（『魔法修行者』）。

露伴は、役行者がでてから、やっと魔法使いらしい使い手がでたのだといいながら、聖宝理源大師の偉大さはみとめている。しかし、小角はそれよりも二百年も前の人、伝説になっているけれども、役行者の呪術をみとめざるをえないとしている。

第五章　役行者、前世の謎

秘境吉野の隠れ里
大峯金峯山の由来
不思議な七人の行者

一　役小角、大峯山上ヶ岳へ

小角は、大和・和泉の葛城連峰から、さらには北方の生駒・笠置の辺りまで、錫杖を手に谷を渡り峯を越え、もっぱら山林抖擻の行をつづけていた。小角は、岩に腰掛け、はるかに重なる山波を眺めていると、大峯山頂の情景が、小角の心眼には、不思議なほどにはっきりと写った。葛木山系よりも、いっそう神秘な浄土のように思えた。大峰の連峯が、大日如来や諸々の菩薩が鎮座している曼荼羅の世界と映って、重畳としたあの峯々を回峯したいという願いは、しだいに誓いにかわっていった。

そのころ、吉野金峯の辺りは、都から遠く離れた辺境の地であった。吉野に出るには峠を越え川を渡らねばならない。吉野へ山を越えるには、多武峯から越す細峠、また高取山の東を通って越える芋峠があった。茅原から曽我川に沿って南下をすれば、今木峠もある。吉野は、何か不思議に人を引きつける山峡のかくれ里であった。小角は、葛城からまず吉野に足をのばし、さらに奥の大峰山上へと心を躍らせていた。吉野の宮滝辺りか、六田《むた》付近で川を渡ってから喜佐谷へ登る。その後にある青根ケ峯は山麓一帯に水をもたらす水源で、人々は神奈備の水分山として信仰していた。

小角は、すでに吉野に拠点を設けていたともいわれて、彼は大峯山系の様子とコースをしきりに探ろうとしていた。『霊鷲山世尊寺縁起』によると、小角は吉野の比曽寺（今の奈良県吉野郡大淀町世尊寺）に滞在して、安居していた際に蔵王権現を感得し、やがて金峯山に入峯し開拓する奇縁をつかんだと伝わっている。

そのころ、吉野の喜佐谷や青根ケ峯付近には、山林修行者の姿がしきりに見られるようになっていた。修行を志す人々は、ここ吉野の金峯を目指して、この辺りに落ちつきはじめ、かれら僧たちには、集団化する気配も感じられていた。

吉野日雄寺の住職光乗は、古くからの吉野の部族、吉野首井光《いひか》の子孫であった。ある日のこと光乗が小角の居所を訪れた。光乗は、近頃怪しい山林修行者が、近くの喜佐谷に増え集団になって居座るかもしれないと告げた。いろいろと歓談しているうちに、かれは小角がやさしく説く教えに、啓示のような不思議に強い感銘を受け、己の信仰にも通じる小角の教えを、これこそ正道であると確信した。かれは、小角に入門を願い出て許され、角の一字をもらって角乗と名乗ることにした。[1]

『日雄寺継統記』（吉野桜本坊蔵）によると、『神武天皇紀』に見える吉野の山人井光の子孫が、井依、角乗、角仁、角範、角正の名で吉野の離宮に奉仕したという。角範が、日雄姓を賜わり日雄寺を開いたのが、吉野修験のはじまりである。また『日本書紀』にも、天武十二年冬十月五日、吉野首《おびと》は連《むらじ》の姓を賜わるとあり、日雄氏のことである。小角は、吉野に道場を開くことを角乗に約束し、大峯に登る計画を練りつづけた。

大峯山は、古くは金峯山《きんぷせん》と呼ばれ、吉野川の川岸から山上ケ岳付近まで連なる山系の総称である。金峯山というのは、三界の衆生が、この山に入って正覚を得て、心が金色の如来になるからともいう（『峯中秘伝』）。また、この金峯山には、昔から金脈があると信じられ、古代の人々も、大きな期待を抱いて金精明神をまつり、黄金を司り金鉱を守護する神としてあがめていた。

大峯山は、もとは霊鷲山《りょうじゅせん》の一角が分れた故に「一乗の峯」とも呼ばれた。「大峯縁起」によると、大峯山は「宣化天皇の時代、僧聴三年（五三八）八月十五日の夜半に大菩薩が降誕された霊峯である。その時、空中から数万の音声が聞え、大地は地震のようにゆれ動いた。間もなく晴れ渡った大空に、荘厳な大峯を眺めた麓の人々は、この神変を喜びあった。この山の名は大菩提山あるいは証菩提山、その字名は大峯山という」とある。大峯は大日如来の浄土で、胎蔵界と金剛界のある曼荼羅の世界で、金剛界の峯々には五部の聖衆が肩を並べ、また胎蔵界の嶺々には三部の諸尊が安座して列をなし、これらの嶺峯は、高く冠のようにそびえている。

大峯の地は、黄金であるから金峯、あるいはまた、四方が数百里もある広大なところから大峯、あるいは大菩薩の峯を略して大峯と称するなど、呼称の因縁が説かれている。

夏四月、小角は大峯の山上ヶ岳を目指した。彼が大峯修行をしたのは青年時代か、それとも壮年になってからか。十七歳の時（『役君形生記』）あるいは十九歳の年（『役公徴業録』）に登ったとあるが、これは、仏徒の出家する年齢に応じたとも考えられる。しかし、小角は青年時代には、葛城から山城、摂津、但馬、さらに播州など、畿内の主要な山岳の回峯に専念していた。小角は、未踏の深山大峯に踏み入るには、やはり慎重であった。かれが、葛城修行の長い苦しい体験から、時に激変する山の恐ろしさをよく知っていた。小角が大峯山上ケ岳に登ったのは、三十七歳（『役行者本記』）四月とも、また三十四歳の時（『役行者顛末秘蔵記』）とも伝わる。

二　大峯山頂で己の三生骸骨に会う

天智天皇六年（六六七）、小角はついに、大峯の「奥駈《おくが》け」に向け旅立った。大峯山系の山上ケ岳・弥山・八経・明星・空鉢・釈迦・大日岳、さらに笠捨山・玉置山を過ぎ、尾根を伝ってさらに南へ。流れる雲にも手が届くという小雲取山・大雲取山を越えると、熊野灘がひらける。

釈迦ヶ岳頂上の役行者像（釈迦蓮華台）

この吉野から熊野へ縦走するのが、山伏にとって最高の山岳修行「奥駈け」の行である。南から北へ、熊野から大峯へを順峯《じゅんぶ》、北から南へ吉野から熊野本宮へを逆峯《ぎゃくぶ》という。孤独の修行か、あるいは同行者と共に、山林抖薮わらじをはいて山中を駈けるのであった。

当時大峯山系は、狼が吠え、大蛇が這い廻る、深山幽谷の秘境で、誰もまだ踏み込んでいなかった。そのいいしれぬ霊厳さに、人々はおそれて誰も近づかなかった。小角が、吉野から大天井・小天井の馬の背のような岩場を抜けたか、それとも河内和泉から遥か南に迂回し紀州の中辺路を経て熊野にたどりつき、そこから順峯のコースを北上したか、いずれが先であったか定かではない。

小角は、かろうじて雲が越える大峯山上の頂上に辿りつくことができた。鍛えた身体に疲れも見せず、威厳に満ちた顔に、眼は鋭く光っていた。彼は、孔雀明王の呪法を体得して、もはやこの世に恐れるものは何もなかった。

やがて、彼は山頂付近の洞窟の中に座った。干ばつや台風など天災地変、そのうえ貧困・病気や悩み事の多くの苦しみから、民衆を救う民衆済度の大きな誓いを立て、孔雀明王と不動明王の二尊を一心に祈りつづけた。

小角は毎日呪文を唱え、「一切の民衆に、ご利益があるように請い願う。達成されるならば、その証を示し給え」と祈ると、夢か幻か浄土にいるような心地になった。その時、天人・聖者衆とともに、地類も、ことごとく形を現し、多くの神々や冥界の衆たちが天から降りてくるのが目に映った。夢から醒めたように、我にかえった小角の目にしたのは、一体の骸骨であった。

ここで、役行者の前世の己の骸骨に出会う説話がうまれるのである。

その特徴は、骨が一体に連なっていること、右手に利剣、左手に独鈷杵を握っていることである。この骸骨をめぐっての話は、どうやら仏教説話などの伝承に詳しい愚勧僧正が、役行者についての伝承と当時の山林修行の行者が山中で、しばしば遭遇する悲しい光景から浮かんでくる情態をもとにして書き上げたのではなかろうか。

「小角よ、汝はこの山で生を受け生を終ること、すでに七回である。それは汝自身の第三生の遺骸であるぞ。千手陀羅尼を五返、般若心経を三巻あげよ」

お告げにしたがい一心に呪文を唱えると、骸骨は授けるように手を伸ばし、小角に独鈷杵と剣を渡した。

なおまた、小角の初めの第三生の骸骨はこの山にあり、初生は身長が七尺五寸、第二生は八尺五寸であったとする。釈迦ケ岳には第五生、また小笹には、すでに眼窩から若木が生えた第六生の骸骨が横たわっていたとされる。

かれは、独鈷杵を持ち帰えって、後にこれを鋳《い》て孔雀明王の像を造った。また宝剣は弥山の南側にある最高峯、今の八経ケ岳に埋めた。剣ケ峯（八剣山）とも呼ばれる由縁である。

さて、大峯修行の行者浄蔵《じょうぞう》（八九一～九六四）は、博識と呪法をもってしられた。二十五歳のときに那智の滝本に籠もり毎日『法華経』を唱え松葉を食い修行し、また大峯山中で道に迷い仙人から銅の瓶を投げて道を教えられ、一ヶ月も空腹を感じない柿一つを与えられ、呪文で火をつけてもらうなどの奇跡に助けられたという。

浄蔵が、已の前生の骸骨を見る事という話が、『古今著聞集』巻二にある。

「浄蔵法師は、やんごとなき行者也。葛城山に行ないけるころ、金剛山の谷に大なる死人のかばね有り。頭、手、足つづきてふしたり。苔青く生えて石を枕にせり」。彼が、本尊に祈ったところ、「これは、汝が昔の骨也」、すみやかに加持せよとお告げがあったという。この、頭・手・足と連なった骸骨の話は、当時の旅人が山野に四散する死人の骨を目にする現実からは奇跡とも思われる霊妙不可思議なことであったのだろう。

一方、真雅《しんが》僧正（八〇一〜八七九）は、兄の弘法大師空海について密教を学んだ真言僧である。かれの『大菩提山秘記』には、大峯奥駈修行中に往生された行者の名前が記録されている[2]。

最初の菩提山の聖人行者、西空聖人は大和の茅原の人。第二生、院誠行者は大和の人で、吹越で修行なされていたが十月に入滅し給うた。第三生は尊隆行者、大和広瀬の人で、水飲峰で命が終わられた。第四生西雲聖人は奈良の人。同行した阿聖聖人によって、遺骨は東屋の峯と仙洞および辻峯に納められた。第五生の政興行者は、伊賀の人。深山の石屋で往生なされた。政興は、名を改めて願行。第六生の行者は、茅原寺に生まれたという。

ところが、小角が修行した摂津箕面寺について明暦年間（一六五五〜五八）に書かれた『箕面寺秘密縁起』によると、「役優婆塞は、大峰・葛城修行の大行者。七生の御名は、第一生が西空聖人。第二生は院誠行者。第三生は尊隆行者。第四生は西雲上人。第五生は政興行者。第六生は延能行者。第七生は大和茅原の人なり。」とし、改めて延能行者を迎えて、七生の教義としてととのえられている。

仏教では、人界および天界においては、七度生まれ変わるという。預流果《よるか》の聖者は、七生に限って、以後の生はないという。これから転じて、未来永遠を意味する。

「役行者七生の骸骨」の説話は、おそらく先の浄蔵の話と真雅僧正の秘記をもとに構成されたと考えられ、愚勧が、彼の著『私聚百因縁集』に役行者の説話として創作したのだろうか。

役小角は、かれの一連の秘記や縁起には役行者として出てくる。しかし、役行者と称しても、真実役君小角自身ではない後の行者も多くいるのである。小角の志を継ぐ、後世の役行者である聖人《ひじり》行者であって、小角自身ではなかった。この役行者の七生骸骨の説話は、後の『役行者本記』など他の伝記にも奇譚として伝えられている。

三　役行者と当麻寺《たいま》

小角は、悩める人や病人には加持祈禱をし、時には、薬を与えて治したので、村人や山林修行者や浮浪人の間でさえも、不思議なほど評判が良かった。葛木山に籠もっていても、小角の験が著しい呪法のことは、人々の口から口へと伝わった。

その頃、三位麻績王《おみのおおぎみ》は何の罪に問われたのか因幡《いなば》に、その子らも、伊豆と九州五島の小値嘉島《おしか》に配流された。また、浄《きよみ》ケ原の東の丘に登り、人々を惑わす妖しげなことをいって、自ら首をはねた者もいた。民衆はいつも労役を恐れながら相つぐ凶作に泣いていた。人々は不安であった。

天武天皇五年（六七六）五月。天武天皇は、すでに六十歳、皇后や草壁・大津・高市・河島・忍壁《おさかべ》および芝基《しき》の六皇子を連れて、吉野離宮に行幸した。天皇は、数多い妃たちから生まれた皇子

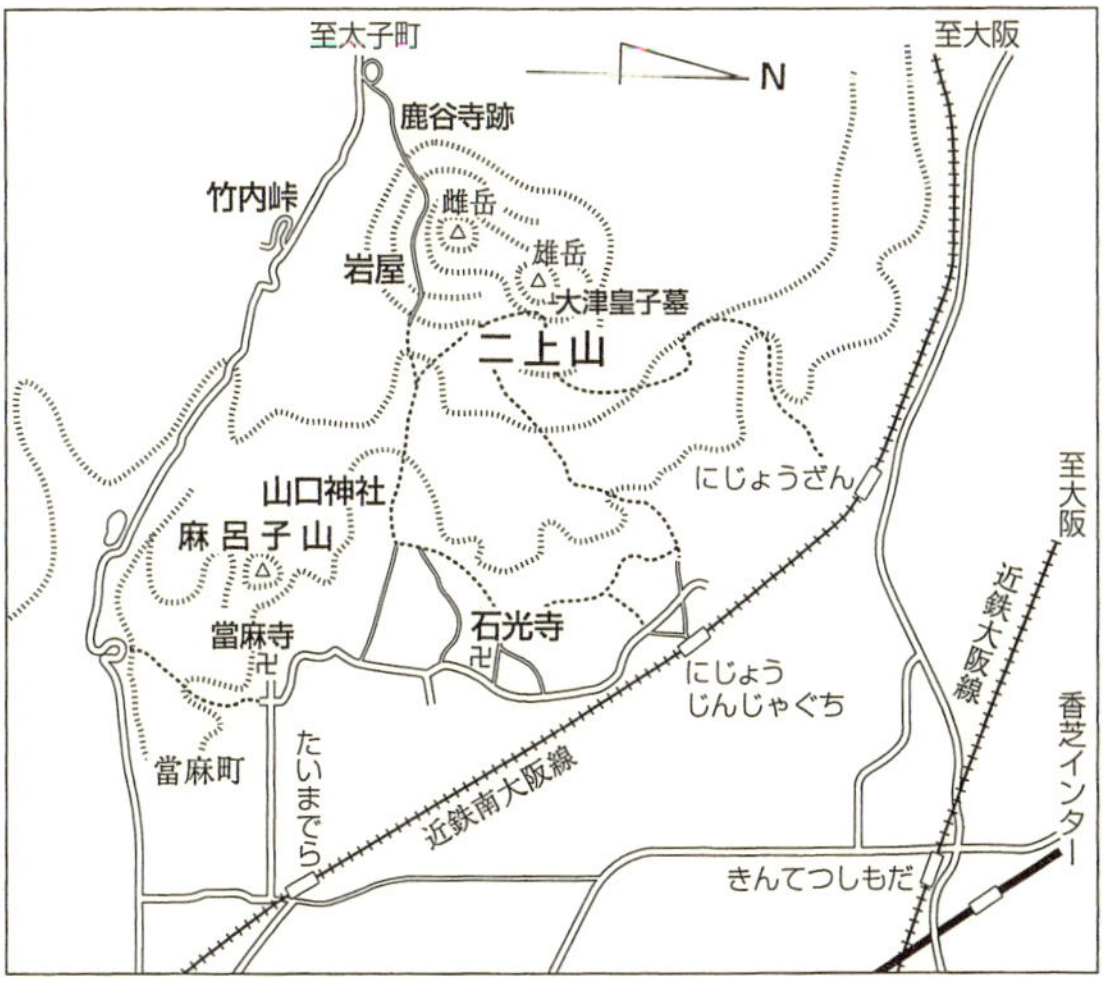

二上山・当麻寺・石光寺の付近

らが互いに扶け合い、仲よくするように堅く誓わせ盟約させた。

『吉祥草寺々伝』によると、天皇は、その帰途に、小角が再建した茅原の寺――吉祥草寺――に立ち寄ったとある。この夏は大干ばつで非常に凶作であった。田畑は荒れはてわずかの食物も無く、子供まで売るほど困った人もあらわれた。こんな民衆の苦しみにもかかわらず、近江大津の宮に代って、新しい都をつくる計画が進められていた。

そのころ僧侶や優婆塞のなかには、村々を歩き廻って説教をしたり托鉢をする者もいた。あるいは山林にこもる修行者が、ますます増えようとしていた。

吉野金峯一帯には、すでに山林修行をする優婆塞たちがかなり入りこんで、そのうちには密教呪を持する勢力一派があった。小角らの勢力は葛木の呪術者として評判が高く、両派は結集して手を握ろうとし、小角は葛城・吉野金峯の修行者を率い、その頭領におされようとしていた。

かれらの取り締まりは、朝廷にとっても厄介なことで、天武天皇八年（六七九）十月には、「およそもろもろの僧尼は、常に寺の内にすみ三宝を守れ。」ときびしい勅令を発布して、むやみに山林中を修行して回るのを禁止した。それほどに山林遊行の僧尼が増えていた。

そのころのことである。用明天皇の第三皇子麻呂子親王が聖徳太子の勧めによって、河内国の交野《かたの》郡山田郷に建てた万法蔵院禅林寺が、すでに六十余年も経っていた。当麻真人《たいまのまひと》国見は壬申《じんしん》の乱で大海人皇子に味方して、功績があった人物であるが、この寺を二上山麓に移転せよという、夢のお告げをうけたが用地が無かった。

鎌倉中期に書かれた『当麻蔓荼羅縁起』上巻、第一段には、「当麻寺のおこりは、用明天皇の第三皇子麻呂子親王の建立なり。夢想のつげあり、役行者のむかしのあとをしめて、この寺をうつしたてまつれり」とある。また『元亨釈書』には、「当麻寺は、役の小角の家地なり。天武天皇小角に諭して家を捨て伽藍となる」とある。

これらの記録から、小角の一族は、二上山麓にかなり広大な土地を所有していたようで、そこは、小角が青年時代に修行した当麻の地であると伝えられている。

国見は、小角を訪ねて寺院移転の用地の分譲を願った。事情を話し丁重に所有地の分譲を願った。天武天皇は刑部親王に命じて、所有地を譲るように、小角に懇請させたという。小角は、国見の篤い信仰と熱意に、快く用地を寄付することを約束した。

天武天皇九年（六八二）禅林寺の移転工事がはじまった。天武天皇十三年（六八五）になって、金堂・講堂・千手堂・東西両塔などがようやく完成した。一説によると当時威勢がよかった国見は、当麻氏一族の氏寺《うじでら》を建立したともいわれる。

『古今著聞集』によると、金堂の一丈六尺の弥勒菩薩像の体内には、金銅の孔雀明王像一体が納め込められ、この像は、役行者が多年まつっていたご本尊であった。

天武天皇十四年（六八六）に盛大な落慶法養が行われ、禅林寺は当麻寺と改名した。導師は元興寺の慧灌僧正で、かつての小角の師であった。小角は、大峯山上で修行中であったが下山して、この落慶の式に参列した。

この時、小角が一心に祈願したところ、百済の国から四天王の像が飛んできたので、金堂におまつりしたという話も伝わっている。

また、寺が栄えるように、庭に一本の桜の樹を植えたと、石光寺と同じ話が伝えられている。『当麻蔓荼羅縁起』第三段には、「役の行者、この仏庭に末代の法苗のため、一本の桜樹をうへられたり。人みな霊木といへり。花のいろふんぷくせり。そののち、おほくのよよをへて、かげのくちきとなれり。しかれどもそのたねおひかわりて、はるやむかしのいろをのこせり。…」とある。人々は、寺の盛衰を秘めた霊木といって大切に育てた。

また、『古今著聞集』巻二、当麻の事に、小角が落慶の式にあたって、大峯山から下山して、その盛儀に参加し、寺院の維持のために山林、田畑、数百町歩を寄進したとある。また『上宮太子拾遺』には「役行者に敷地を乞う…」とあり、また古い縁起には、「役行者の親族皆この寺に帰し、私領をもってながく仏座、灯油、僧衆の衣食の料を施入した」とある。

当麻寺は、役行者から広い領地を譲られ建立されたということは、案外に知られていない。

第六章　金剛《こんごう》蔵《ざ》王《おう》権現《ごんげん》の謎

感得の謎

蔵王菩薩か蔵王権現か

大峯山寺本堂、龍の口の秘密

一　小角、大峯山頂にて蔵王権現を感得

霊峯大峯の山上ヶ岳には、巨岩が天に突出した「鐘掛岩《かねかけいわ》」や、あるいは「西の覗《のぞ》き」のように底深い渓谷もある。小角は、大峯の頂上付近の行場に籠もって、きびしい行をつづけていた。岩壁をよじ登り、あるいは絶壁に身をさらす捨て身の行をくりかえし、時には一心に読経に明け暮れた。小角は、人々を救うために守護神の示現を願って、山上ヶ岳頂上の「龍《たつ》の口」の岩の側に端然とすわって一心に祈りはじめた。祈る内に月日は流れて、ついに現れでた金剛蔵王権現を感得したという。

役行者の金剛蔵王権現についての伝承には、仏教思想の歴史的な展開と、なかなかうまくかみ合わない不思議さがあって、この流れの中で小角が重大な役割を演じたのではないかという謎がうかびあがってくる。

小角が蔵王菩薩を感得した話は、おそらく平安末期の『今昔物語』にあるのが最初であろう。

「金峯山の蔵王菩薩は、この優婆塞の祈出し奉り給えるなり…」と、小角が蔵王菩薩を祈り出したとしている。しかし、ここでは蔵王権現とは呼ばれていない。

　鎌倉時代になると、神仏習合・両部神道の考え方がはっきり示される。『沙石集』の著者無住は、密教にも詳しく、本地垂迹説《ほんちすいじゃくせつ》にもふかい考えをもっていた。これは、仏が根本（本地）で、神は仏が仮の姿（垂迹）で現れたという説で、ほぼこの十世紀を期に、うちだされた。

　無住は、つぎのように書いてある。

「昔、役行者、吉野の山上に行《おこない》けるに、釈迦の像《かたち》が現じ給えけるを、この御像にては、この国の衆生には化しがたかるべし。隠させ給えと申されければ、次に弥勒の御形を現じ給う。尚、これもかなわじと申されければ、その時、当時の蔵王権現とて、おそろしげなる御形現じ給えける時、これこそ、我国の能化《のうげ》（一切の衆生を教化する者すなわち仏菩薩）と申給えければ、今に跡を垂れ給えり」

　小角が蔵王権現を感得したと書いてあるのは、これが最初かと思うが、当時すでに蔵王権現はまつられていたであろう。無住が『沙石集』を書き始めた弘安二年（一二七九）は、蒙古軍の動きが、ふたたび活発になり、国内が騒がしくなった年であった。そのころには、本地垂迹説[1]が盛んにとなえられていた。

　こうして、蔵王権現の感得談は、「金剛蔵王最極秘密習事」として、『金峰山秘密伝』（延元二年、一三一七）に教義のように興味深く伝えられる。

　天智天皇時代のある年の陽春のこと。役行者は大峰山頂に住んで仏道を勤行し、本尊を求めて祈っていた。頂上にある青龍の池には清冷な水がたたえられ、どんな天候でも水面は少しも増減しなかった。その池には青龍が住んで、水は日本国土の万物をうるほしていた。池の中には八尺の宝石が立って、常に赫々と霊光を放っていた。

　役行者はこの霊処にきて本尊の示顕を祈った。まず行者は宝石の北面に住んで、寶部の三昧に入り、南方に向かって降伏の法を修めた。行者は寶部福徳の尊像の代わりに降魔大将を求め、大願をたてて祈り給うた。するとたちまち宝石の北面に釈迦が姿を現した。行者は重ねて抜苦与楽の仏を求めて祈った。すると千手千眼の観音がしずかに現れ、これは大悲抜苦の尊であった。さらに行者は與楽の大慈尊を祈った。すると與楽利生の大主である弥勒大慈尊が涌き出られた。行者は重ねて降魔の本尊を求めて願をかけ、宝石の南面に居を移して誓いを新たにした。

　ある日、突然に宝石が振動をはじめ光を放って世界中を照らした。その時、おそろしい忿怒の相をした青黒色の金剛蔵王権現が、宝石の上に涌き出られた。宝石の西面には胎蔵界の東曼荼羅が、東面には金剛界の西曼荼羅が現れた。また南面には八大金剛童子が化現なされた。この宝石は自然の霊石である。大峯の山上蔵王堂（現在の大峰山寺本堂）の内陣、仏壇の下には、龍穴池があるという。

一般に伝えられている、弁天・地蔵・権現の順序で現れたという話は、かなり後の『峰中秘伝』（元禄七年、一六九四）などにある。

役行者は大峰の涌出ヶ嶽に辿りついて、一心に祈り給うた。最初の七日目、弁才天女が雲に乗り、三二相の美しい顔に、微笑みをうかべながら、しずかに降りてこられた。小角は、力を奮い悪を懲らしめる強い方がほしいと願うと、天女は天河の里へ降って行かれた。

十四日目に、慈悲の姿の地蔵菩薩が瑞雲に乗って降り給うた。しかし、小角が人々に奮起をうながすには、あまりに温和な姿であると思うと、川上の阿古滝の方に去って行かれた。投げ地蔵ともいわれ、あるいは遠く山陰の大山に避けられたともいう。小角がなおも必死に祈りつづけた。

二十一日目、龍の口から火炎が吹き上げ大地をゆるがす轟音とともに、鋭い眼を輝かせ、牙をむきだし、金剛蔵王が恐ろしい忿怒の相をして躍り出た。蔵王は右手の金剛杵を高く天にかざし、左手は剣印を結び、見るみるうちに天上へと消え去った。あるいは、小角は大変に喜び、蔵王権現が、天上に昇るのを、一心に引き留められたともいう。

小角は、願望の神の出現に胸をおどらせ、感得した姿を封じられた。かれは、それから金剛蔵王の姿を、石楠花の大木に、一心に刻みはじめた。山下蔵王堂（金峯山寺蔵王堂）の蔵王権現は、桜の木に彫られたとも伝えられる。

しかしながら、金峯山には、天平の昔から金剛蔵王は鎮座なされていたのである。

金剛蔵王の伝承は、東大寺の大仏の造営にはじまる。天平一九年（七四七）に大仏の鋳造が開始された。その時に、聖武天皇は良弁《ろうべん》法師に、和州金峯山の地は皆黄金であると伝え聞く、金剛蔵王に祈って金を得て、大仏鋳造に役立てるのは宜しかろうと仰せられた。早速、良弁法師は金峯山に登って祈願した。しかし夢に現れた金剛蔵王が、この山の黄金は採ってはいけないと告げたという。

聖宝理源大師が大峯に入ったのは、貞観一〇年（八六八）三十七歳のことである。大峯中興の大師は宇陀天皇の勅命によって、寛平七年（八九五）に、金峯山に大造営を行って金剛蔵王菩薩を祠った。佐和氏[2]は「この像は菩薩像で、後の蔵王権現の形姿とは関係ないようであるが、全く無関係とはいい得ないとも見られる」という。

道賢《どうけん》上人が、金峯山で蔵王菩薩に会った話は、『扶桑略記』天慶四年（九四二）にある。「道賢上人冥途記」には、上人が修行すること二六年、二十一日間の無言断食の修行によって、

道賢が息も絶えだえになったとき、執金剛神が現れて、雪山からとってきた甘美な味の水を飲ませてくれた。西の岩上から、宿徳和上《わじょう》が現れて、道賢をこの世の最高の最勝の地につれてゆかれた。地面は平坦純一の黄金の光明に輝き、北に金山があって七宝の高座があった。和上はその上にすわった。和上は自分は牟尼の化身である蔵王菩薩であって、この土地は金峯山の浄土であるといわれた。さらにお前の寿命はもういくばくもないから、よく善を収めて、邪悪な行動をしてはいけないと諭された。道賢は名を日蔵と改めた。

という。これには釈迦牟尼の化身の蔵王菩薩であると、はっきりと書かれている。

さらにまた、中国の古代後周（九七五）『義楚六帖』第二一の日本国の条には、「日本国都城の南に金峯山有り。頂上に金剛蔵王菩薩有り。第一の霊異の山にして松檜名花軟草有り。大小の寺々数百、節行高道の者これに居る。いまだかって女人登り得た者あらず。今に至り男子登らんと欲すれば三月酒肉欲色を断つ。求むる所皆これを遂ぐ。菩薩はこれ弥勒《みろく》の化身、五台の文殊の如し」とある。

このように金峯山の蔵王は、金剛蔵王・蔵王菩薩あるいは金剛蔵王菩薩と称して、全く同一仏である。しかし、まだ金剛蔵王権現とは称されてはいない。

藤原道長が、長徳四年（九九八）に大峯山に埋納した経文の終りに、南無教主釈迦蔵王権現とあるから、十世紀には蔵王権現は金峯山にまつられていた。また、寛弘四年（一〇〇七）八月十一日、藤原道長が金峯山に奉納した経筒の銘にも、蔵王権現の文字が刻まれている。

おそらく、平安期の本地垂迹説が唱えられる過程において、立役者として役行者を登場させ、彼が蔵王権現を感得したという伝承が生まれたと推測される。それ以前の小角伝承には、蔵王権現は全くあらわれてこない。

役行者の伝記を探ると、蔵王権現の出現には、釈迦→弥勒→蔵王権現、あるいは弁才天→地蔵菩薩→蔵王権現など、示現される状況に、かなり相違が認められる。(3)これは、役行者の事績において蔵王権現の感得談が重要な意義をもっているために、伝記作者がそれぞれの立場から、この事績を解釈し意義付けしたためである。

一般に、役行者が蔵王示現の祈願をした動機は、民衆済度の守護神の感得であるとされている。しかし、大峯で修行中、役行者自身が、いろいろの煩悩に苦しみ、禅定の境にいたらず、験力を強める修法にも集中できないのを悩んだ。かれは何ものか偉大な仏菩薩の出現をと、しきりに念じていた時に、最後に現れ安心満足したのが、蔵王権現の姿であったと説く人もいる。(4)

なお、蔵王権現につづいて出現した十五金剛童子が、小角を守護したと伝わっている。役行者は後に八大金剛童子は大峯に、七大金剛童子は葛城に遣わしたという。

二　金剛蔵王権現の形相

小角が忿怒の蔵王権現を選んだのは、悪を払い人々を叱り励ますには、温和な姿よりも、忿怒の相でなければいけない、と確信していたからである。修験の山で荒行をする行者たちの守護神としては、魔性降伏、堅固不壊の蔵王権現が、もっともふさわしい。

小角が感得した蔵王権現の姿は、不動明王や愛染明王と同じ怒りの姿、いわゆる忿怒の形相である。像は一面三目、二肘、青黒色で頭には三鈷冠をかむり、左手は剣印を結び腰に当て、右手は三鈷杵を握り高く揚げている。左足は盤石を踏みしめ、また右足はあげている。この金剛蔵王の形相について、慈元が『金峰山秘密伝』に金剛蔵王尊像習事として、形像、手足の処作、冠、色彩に、それぞれ意味する由縁を記している。(5)

蔵王権現は、小角が感得した独自のものとされているけれども、その形像については、他の類縁の形相について、いろいろ考察されている。

まず蔵王権現は金剛童子に似せたとか、あるいは金剛童子像が先の姿という意見である。金剛童子は金剛杵の威力を神格化した仏で明王部にいる。二肘像と六肘像がある。片手に金剛杵を持ち、片足をあげ、三目の怒りの相の像である点は、蔵王権現と似ている。両者には、共通点もあるけれども、金剛童子は身色が肉色、紅蓮華色あるいは瑠璃色、蓮華座で施無畏印を結んでいる。一方、蔵王権現は、青黒色、岩座に立ち、剣印を結んでいる点で相違する（佐和隆研編『密教辞典』による）。あるいは、蔵王権現は元来執金剛神を模したともいわれる。

しかしながら、蔵王権現の姿は、全般的に五大力吼菩薩に、もっともよく類似している。佐藤氏は蔵王権現の形姿について、この姿は、仏教明王部からとったもので、五大力吼菩薩中の無畏十力吼菩薩の像は、蔵王と同形であると早くから指摘されている。(6)佐和氏は五大力吼菩薩のうち無量力吼、無畏十力吼(7)などを参考にしたのではないか、あるいはまた龍王吼像(8)によく似ると、これらの菩薩のうちに類型をもとめている。

五大力吼像は五大明王像よりも人間の形に近いので、その内から蔵王権現に類似像を見出すことができる。蔵王権現は、中央の金剛吼菩薩とは違うけれども、他の四大力吼菩薩像とは一般的な形相は全く同じである。細部について比較(9)してみると、次表のように持物や身色が違うだけである。

菩薩名	持物	位置	身色
金剛吼菩薩	千宝相輪	中央	五色
龍王吼菩薩	金輪燈（金剛摩尼）	南方	白色
無畏十力吼菩薩	金剛杵	東方	青色
雷電吼菩薩	千宝羅網（金剛鈴）	北方	瑠璃色
無量力吼菩薩	五千剣輪（金剛剣）	西方	金色
○金剛蔵王権現	金剛杵		青黒色

蔵王権現は、常に剣印を結び、金剛杵を手にしている点からは、すでに佐藤氏が指摘しているように、無畏十力吼菩薩像に最もよく似ている。龍王吼菩薩は、金剛杵ではなくて八鋒輪法（金輪燈、金剛摩尼）を手にしている。また体色は蔵王権現は青黒、無畏十力吼菩薩は青色、また龍

王吼菩薩は白色である。

大峯信仰では釈迦あるいは弥勒を本地とし、金剛蔵王菩薩の名をかり、その形像を無畏十力吼菩薩に求めて、金剛蔵王権現として垂迹したのではなかろうか。

三　金剛蔵王権現の信仰

金剛蔵王権現は、大峯信仰の独自のものとして仰がれている。金剛蔵王権現は神聖な金峯山を司り、山に籠って修行する多くの信者を守り、導く力、強い生命力を与える。誓いを立てた修行が満願になるよう決意を振るいたたせ、時には、金色の極楽のような山頂へ案内する導師(10)としても行動する。

また金剛蔵王権現には、三仏冥合、三世三体という信仰がある。過去は釈迦・現在は観音・未来は弥勒とそれぞれ蔵王の本地として、蔵王権現は過去・現在・未来にわたって、民衆を救済する修験道特有の信仰の対象になっている。

堀一郎氏は、大峯における蔵王権現は、山伏の修験者が、修行によって到達したいと願っている超人間的な象徴であるという。また、金剛蔵王権現には、魔障の降伏を願う祈りがこめられ、

金剛蔵王権現

また、それ以上に修験者自身が、験のある修験者になりたいという強い願望が秘められていると考えている。同氏はさらに、「なぜ役の行者がかくも求めて、こうしたおそるべき怒りの像を感得しなければならなかったとされるのか、またこれをもって金峯山の主宰者とするにふさわしいと信じられてきたのかは興味ある問題である。これには、魔障降伏を中心とする修験者の本尊たるに相応しいとの解釈も成り立つが、わたし[11]には、ここに修験者の神秘体験における呪的燃焼エクスタシー的灼熱による超人間的な力の象徴を見たいと思う」と述べている。

このように、蔵王権現の創出の根源を、力の象徴である無畏十力吼菩薩においても、充分に納得することができると考える。

坪内逍遙は、人間すべて〈力〉の必要性を強調して、金剛蔵王権現をその力の象徴として彼の戯曲『役の行者』を創作した。

ところが、チベット[12・13]には忿怒尊や合体尊が多い。菩薩のなかの忿怒金剛手像は、蔵王権現の特徴ときわめてよく似ている。あるいは護法神立像のうち、鈷杵を握った右手を挙げ、右足を挙げ左手は腰にあて、髑髏《どくろ》を身につけている像は、全く蔵王権現に類似の像である。このように、忿怒尊が重要であるのは、チベットのような自然の荒々しさの中で生きる人々にとって、その激しい仏たちこそ、頼りになる仏たちかもしれないからだという。(14)

山岳修行の修験者が、力を奮いおこすには、やはり忿怒の相をした蔵王権現が最もふさわしい像であること、チベットでは、現在も忿怒尊が民衆を救う役割をしていることは、両者の間に大いに共通の意義がある。なおまた、チベット「死者の書」においては、人間が死に際してまず静寂尊があらわれ、つづいて憤怒尊があらわれるという。このような思想にもとづいて考えると、弥勒・地蔵尊の静寂尊につづいて蔵王権現が出現するということは、蔵王権現の信仰にさらに深い意味を添えるようにも考えられる。

チベットの忿怒尊

大峯修行の人達は、蔵王権現に対する現実的な信仰として、第一に厄除け、第二に施福延命、第三には子孫繁栄と三つの願いであるとされている。

藤原師通が奉納した願文にも「八九ノ厄ヲ払フ」、また「縦ニ五鬼ノ妖気有リ、八大龍王コレヲ除ク」などと書いてあるように厄除けを祈った。大和地方では、男子が一生に一度は必ず大峯山に登る習慣があったが、これは多分に厄除けの意味があったのである。

蔵王信仰は藤原時代に最もさかんであったが、修験道の発展にともなって、信仰の対象は蔵王権現から役行者に次第に移行したようにも思われている。

最近、久保田氏は(15)、蔵王権現の感得を在来の水分神に代わる山岳という聖域を守る新たな水神ととらえて、これに象徴される山岳宗教を問う意味は、平安時代の昔も平成のいまも本質的には変わっていないという。

蔵王権現の示顕の地は、山上ケ岳頂上の大峯山寺からお花畑への途中から左手に分かれて進むと、かなり大きな「湧出岩」が露出している。しかしながら、現在の山上ケ岳の頂上にある大峯山寺本堂は、最初に蔵王権現が現れた場所に建てたと伝えられる。奈良時代には、「龍の口」の周辺で護摩がたかれ、平安時代の初期には龍の口に建物ができ、さらに平安中期以降には建物も大きくなり、元禄時代以降に現在の本堂がつくられたという(16)。本堂の内部には、外陣、内陣および内々陣があり、内々陣には「龍の口」という穴があって、そこに立ち入ることは厳しく禁じられている。昭和六二年九月に、大峯山寺の修復落慶法要がおこなわれたが、内々陣は、この修理においても触れなかった最高の秘密の場所である。

おそらく役行者が蔵王権現を祈出したのは、この「龍の口」であったとしても、その秘密性から、別に蔵王権現の湧出岩として祈願場所が設定されたのであろう。

第七章　熊野修行の謎

持統女帝の吉野行幸の謎

熊野へ修行の謎

南方指向か、金鉱探しか

一　吉野に通う持統女帝と小角の謎

神武天皇のむかしから史書に記されている「吉野」には、「最高の地」「最初の地」という意味があるという。この吉野宮滝の離宮に、天武天皇の後を継いだ皇后の持統女帝は、在位中に三十余度も行幸をくりかえした。なぜ、このように異常と思われるほど頻繁に吉野通いをしたのであろうか。

女帝の吉野通いに、何か不思議な謎が秘められ、いろいろな面から謎解きがなされている。それは、若返りの水として、長生きに効果があると信じた水への信仰という。あるいは、女帝が自己の神性を新たにする呪術のためとも、また夫、天武への思いを偲ぶ、唯一の救いの場所であったともいう。しかし、ここは政情を忘れさせる程の神仙境とも思われず、また政治から脱れることも考えられないともいわれる。

他方では、女帝は山岳修行者と、宗教的にも軍事的にも、連携しようとしたとか、あるいは、川上に隠されている鉱物資源の採取、その使用が目的であるという意見もある。

吉野行幸の真の意味はやはり謎めいている。

持統女帝は、身辺や国事について、小角の予言や呪術による託宣を求めて、会いにきたのだとも考えられている[1]。持統天皇自身は、物事の決定を呪術によって占う弱さがあった。藤原京の位置を決めるにも呪を立てたが、何か判断に苦しむ際には必ずその日の吉凶を占った。

最近、女帝の吉野通いは、恋人に会いに出かけたのであって、相手はどうやら即位前の文武天皇と考える人[2]もいる。それ故に、文武天皇は持統女帝の孫ではなく、その出自の追究は日本古代史における今後の課題だという。しかし、そうではなく、その相手は役小角らしいと、女帝と役小角の間には、正史には登場しない秘密があったように思えてならないと、秘められた深い関係を連想する[3]ように、女帝の吉野行幸には、いろいろな推測や邪推もあって解かれぬ謎が秘められているようだ。

峠道の行者石像
(明日香から芋峠の登山口)

そのころ、小角は吉野の道場で修行中であった。激しい気性の女帝と小角の間は、全く無縁ではなかったはずである。壬申の乱の前、大海人皇子が出家して、吉野に隠棲してから出陣までを思い出してみよう。吉野における小角の山岳修行集団の勢力は、天武をどれほど勇気づけたかもしれなかった。壬申の乱の出陣に際して、役行者は大海人皇子軍を途中で援助したという風説も聞かれるが、定かではない。

それにしても、女帝の吉野行幸は余りにも多すぎる。女帝は気難しい変質的な気性で、小角の動きに疑いの目をむけた。彼に対する女帝の心情は、いつしか変わって、必ずしもよくなかっただろう。女帝が懸念していたのは役小角一派の動静であった。

当時、朝廷は新しい律令を公布しようとし、その立案者である藤原不比等らの独断場であった。不比等は時の政界の裏で、いよいよ汚い手段をとりはじめた。かれは陰謀家であった。律令の施行に障害になりそうな者やグループは、策略を使ってまで消されていった。その手はじめに、数々の名歌を詠んだ歌人柿本人麻呂らが対象になった。彼を葬っても、政界には直接何の影響もないが、反対者には見せしめになる。

藤原不比等らから見れば、小角ら一派は目ざわりな存在であった。『役行者顚末秘蔵記』の著者は、小角を中傷した人物には、不比等をはじめ、吉備大臣の外に、徳光法師・法円真儀・道眼大師・玄昉ら僧侶たちであるという。小角は彼らから憎しみを抱かれていた。その理由は、小角が即身即仏の法理を悟ったというのは、非常に傲慢だというのである。煩悩を断たないでどうして仏であろうか、肉身を捨てないでどうして菩提を求められよう、それは言い過ぎだといってそしった。何れにせよ、目的は小角らを葬る陰謀であり策略がめぐらされていた。

当時、小角は葛城の山の修行者たちの中でも、もっとも験が著しい偉大な呪術者であった。小角は葛城の王者に違いなかったけれども、しかし陰湿な政略にたけた体制側と争うには、彼にはなぜか、政治的な判断力と機敏性にかけていたようである。

二　不浄を払い謎の熊野へ

小角は二十二歳の春二月四日、箕面の滝本を出て、熊野山両所権現へ参詣に向かったと、『大峯縁起』の「役の行者の熊野山参詣の日記」に書いてある。これは、おそらく彼が熊野へ往ったという最も古い記録で、朱鳥元年（六八六）となっている。

しかし熊野権現に関する貴重な記録『熊野年代記』[4]には、文武元年（六九七）に、「役小角が熊野三山に参詣して、熊野権現から霊告をうけた」とある。小角が六十五歳の時である。

熊野は木の国とも、また根の国ともいわれ大和からは、はるかに遠い南の国である。

『日本書紀』には、伊耶那岐命《いざなぎのみこと》の妻の伊耶那美命《いざなみのみこと》が、火神を産んだ時に灼《や》かれて死んだので、紀伊国の熊野の有馬村に葬ったとある。この死者を葬ったことから、死の国と呼ばれた。

神武天皇は八咫烏《やた》に先導されて熊野に向かったが、この烏は熊野のシンボルである。烏は神の使いであり霊の化身とされ、烏の集うところは、死者のイメージがつきまとい、死を暗示する。

しかし、この八咫烏こそ、実は熊野山中を自由に登渉していた小男の山民的な宗教者で、神武天皇の一行を、吉野まで無事に導いたのは彼らであった。熊野修験の起こりも古代の山民に求められる(5)という。

紀伊・熊野は謎めいた国である。

小角はこのような危険と神秘な国、熊野になぜ向ったのだろうか。

死の国を尋ねるには、まず不浄を払わねばならない。死の国へ冒険の旅である。熊野までの道中には、越えねばならない不浄の地があった。役行者の『熊野山参詣の日記』には、道中で遭った様々の不思議な出来事、神変が書きつらねてある。

箕面の瀧元の修行を終えてから、摂津・和泉を経て紀州の中辺路に向かう途中で、まず最初に大不浄が待ちうけていた。道中の不浄というのは、産半ばの女・死肉を食う老婆・鬼形の女・凶形の女とすべて女形である。これらを払い清めるためには中臣《なかとみ》の祓《はらい》を唱える、すなわち神道の儀式である。川や谷の真水で身を洗い、また海に出て潮で身を浄めて三世の苦を洗う。

熊野山の滝尻で身を洗い清めることは、もっとも大切である。右の川は観音を念ずる水、左の川は病を除く薬の水。すべて山内の水や草木は、皆不死の妙薬であると思わねばならない。近露《ちかつゆ》の水は不浄をはらい、湯川の水は未来の罪業を滅ぼす。音無川の水は慈尊の三会に会う水である。熊野の御前に流れる水は、弥勤の膝の下から出る水であって、音無川の水は、また大悲観音の脇から出る水である。こうして小角は、身を清めながら無事に熊野三所へ参詣することができた。すべての罪障が消滅して、心身ともに清浄になり、生まれ変わったのである。

熊野権現の由来について、南北朝時代の『神道集』(6)には、こう書いてある。

熊野権現についてお話しよう。役の行者・婆羅《ばら》門僧正、この二人がいずれも熊野権現の本地を信仰された。まず熊野権現の縁起によると、この神は昔甲寅の年、唐の霊山（天台山か）から、日本の西国豊前の国彦根の大岳（英彦山）に天下られた。その後、はっきりと熊野権現として出現されたのは、人皇初代神武天皇が治められた七六年間の内四三年目、壬寅の年のことであったという。その後も仏教はまだ日本に伝えられず、仏教渡来後も上代は甚だ幽微の状態がつづいた。それから三百余年後、四十数代目の帝のころに、役の行者や婆羅門僧正が参詣して、はじめてその本地を現わされたのである

と。また「熊野権現というのは、神が八尺の熊の姿になって、飛鳥野《あすか》という所に現れたので、熊野というようになったのであろう」と。

そこで、熊野権現参詣の意味についての意見(7)を聞くことにする。

熊は冬の間はあの世すなわち死の国へ行っていて、春になるとこの世、生の国へ帰ってくる。このように生と死とを繰り返す。あの世とこの世を、往き来することのできる熊を神と崇めたので、古い時代の熊野は、死の国であった。しかし、死の国すなわち生の国でもある。生即死・死即生というのが、宗教の真理である。熊野三山への参詣は、すこぶる難行苦行であるが、行者たちは、熊野という死の国へ入って新しい生へと蘇ってくる。

真に神に救われるには死なねばならない。人々は熊野という死の国へ入ってひとたび死に、生きながら死んで再びこの世に帰つてくる。それまでとは全くちがった、新しい生命を授かるのが、熊野信仰の本儀である。それは生即死・死即生の実修である。

昔の人はよく生きている間に出家入道して法号をつけた。それは生きながら死ぬということで、それによって、新しい生へ転換をしたので、熊野参詣も同じ意味がある。

熊野は死者が祖霊と合流する聖域である。つまり熊野は生と死の境界なので、死者が葬られ霊となり、ここで浄化される罪障消滅の土地でもある。

小角がなぜ熊野を目指したか、これは、やはり大きな疑問である。

三　優婆塞小角はなぜ熊野へ向かったか

役行者小角が、真実、熊野にむかったのだろうか。大和葛城にこもった役行者が、遠いとおい熊野に修行にいったのか、想像もできないような秘密がひそんでいる。

熊野権現信仰が確立したのは、かなり後世のことで、小角はむしろ熊野信仰の基礎を築いた人物である。こう考えると、やはり、果たして小角が、何を目的に熊野へ向かったか明解な理由がみつからない。

太陽の神、天照大神を奉っていた大和民族が、南方に未知の聖地があると想像したことは非常に古い。また、陰陽道においては南方の神朱雀《しゅじゃく》が非常に尊ばれる。したがって、雑密を信仰する行者たちの間では、奈良から陸つづきの熊野が、南端の魅力のある土地になっていた。小角が黒潮洗う熊野へ向ったのは、南方への憧れが秘められていたのか。

小角は熊野へむかったのは晩年であったとすると、すでに畿内の山々を踏破していたから、大峯山系を南へ巡れば、やはり南の熊野へ向かわざるをえなかった。

南方指向とは別に、修験山伏の背後には常に金山のにおいがする。役行者が山岳修験者であった背景には、産鉄技術にまつわる呪的儀礼を行ったのではないか、というイメージが拭えないともいう。(8)大峯山系には金が産出した。小角は金属資源を目指して熊野に向かったのだろうか。熊野三山に金鉱があるに相違ない。熊野十二権現の第三殿のカグズチ命は鍛冶の神である。ここに金銀銅の臭いがあるといい、山伏たちは奥熊野の山谷に金は、もちろん薬草薬石も探した。小野蘭山の『本草綱目啓蒙』には「天生牙ハ俗名インス、自然ニ筍ノ状ノ如ク長ク塊リタル金ヲ云。古へ和州大峯山中ニ生ゼシト云」と記してある。日蔵上人が修行した大峯笙の岩屋には、生金があったという。また、山上ケ岳の山麓を流れる山上川の雅滝（今の河鹿滝）の上手にも、確かに金はあったが、神仏を畏れて採掘は許可されなかったという（『山上嶽記』）。

また、『大峯細見記』(9)によると第三六宿、古屋の宿について、次のように書いてある。「昔、聖宝僧正が醍醐天皇の勅命により、金を掘り出し給う処が四ヶ所ある。第一は、生津山・紫雲山・中奥・玉置山であって金を掘り給う。時の帝から奉行として平井丹波守、神戸左京之丞と云う両人を添えて差し出され、この役屋敷の跡という」とあり、確かに金を掘ったのである。

大峰奥駈けを金を捜し求めて辿れば、行き着く先は熊野である。熊野那智にも確かに銅山はあり、金《こがね》・銀《しろがね》・銅《あかがね》の他に錫も産出したと畔田翠山の『熊野物産初志』(10)に記してある。

熊野に修験道がおきた理由としては、まず熊野自体のもつ自然と、特有の宗教的な環境による

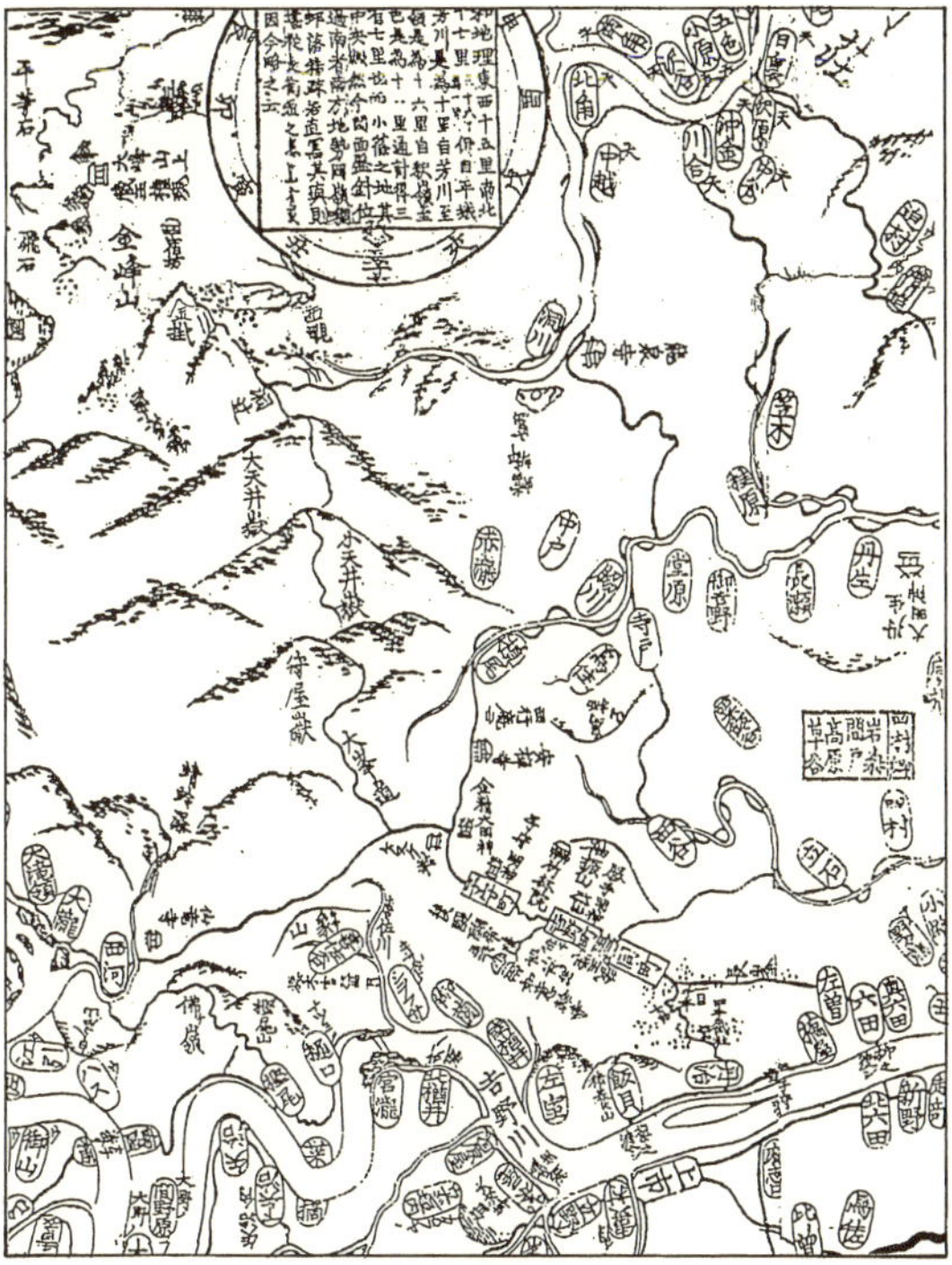

吉野川を渡って金峯山、大峯山上へ
（『大和国細見図』原図は享保年間、嘉永元年改刻より）169頁の図につづく

ところが大きいと考えられる。観音信仰が盛んになって、熊野の南海岸一帯が、印度の補陀落《ふだらく》浄土である南海岸を想わせるので、ここに補陀落寺が建てられた。おそらく熊野信仰が、一般民衆にまでおよんだのは、平安時代のころからで、多くの行者たちが、那智山に籠もって滝で修行をするようになった。

熊野の那智山の信仰において、那智の滝はご本体としても重要な意味をもっている。大瀧は飛滝権現であって瀧信仰を生んだ。また、小角は箕面の瀧で、龍樹菩薩から孔雀明王呪経の教えを授けられた。小角は、伝え聞いていた那智の大滝を目指したのであろうか。

一般的には、役行者は熊野三所権現に参拝のために、遠い熊野に旅立ったことになっている。しかし、熊野権現信仰が生まれたのは、平安時代の終わりか鎌倉時代にかけての頃である。したがって小角の在世の当時には、熊野権現の信仰はなかったのである。

『神道集』でも、熊野権現の最初の信奉者として、役行者と婆羅門僧正をあげている。また、那智の滝信仰に関して「社伝」には、裸行上人・役行者・伝教大師・弘法大師・智証大師・叡豪および俊範の七人を滝本執行の七先徳としているが、役行者がもっとも古いことになる。

開祖とされる裸行上人は、那智における重要な人物であるが詳しくは不明である。上人は、『和歌山県誌』によると、仏教が渡来した後の人で、延喜（九〇一〜九二三）の頃から白河法皇（一〇八六〜一一二八）頃までの時代の人と推定[11]されている。あるいは裸行上人は、熊野三党に血縁のある重慶という、おそらく鎌倉末期の人ではないかとも考えられている。これらの説によると、裸行上人は、役行者よりもはるかに後世の人になる。しかしまた、上人は常に裸で修行した実在の人物というより、古代伝説にある遊行聖とも考えられている。

これらの事から、おそらく熊野権現信仰が生まれた頃、その権威付けのために、役行者が担ぎ出されたのではないかと思われる。おそらく、そのころ、熊野修験道においても、その開祖としての役行者の位置づけは、確定されていたはずである。

そこで、奇妙な話もでてくる。小角が、父を訪ねて熊野に向かったという。

平安の末か鎌倉時代の初期、熊野の山伏たちに伝わる不思議な話(12)である。それによると、継體天皇の皇后が懐妊なされている間に胎音を聞いたが、大和葛木の上の郡の高賀茂女も、また同時に胎音を聞いていた。両人は同日同時刻に出産したが、皇后が生んだ王子は後に欽明天皇となり、高賀茂女が産んだ男子は役の優婆塞であったという。

同じ話が『大峯秘所記並びに縁記(13)』にあり、高賀茂女は熊野へ参詣したが夫はいなかったと書いてある。こうして小角が紀州の父を訪ねる因縁がうまれている。これは役の優婆塞、すなわち仏教徒の役行者が、熊野権現すなわち神との習合を意味する。また葛城の山神を信仰する小角が、仏教を信仰した欽明天皇と同じ生まれで、ここにも神と仏の習合によって、修験道が生まれる因縁を指している。熊野に山伏が多く集まり、さらに吉野と熊野の間を修行の場とする山林抖藪が行われるようになると、必然的に役行者が熊野において修行したという事跡がうまれてきた。ともあれ、大峯修行の表玄関が熊野であった。これから北上するのが、いわゆる順峯である。

行智は本山家伝統系譜として『踏雲録事』には、つぎのように役行者の大峯熊野修行を記録してある。役行者が十九歳、孝徳天皇白雉三年（六五二）十二月晦日、初めて大峯修行す。これが順峯の初めなりと熊野から大峯を目指し、また白雉四年（六五三）二十歳。七月十六日入峯。これは逆峯の初めとして大峯から熊野にでる。持統天皇朱鳥十一年（六九六）、六十四歳までに役行者は、順峯逆峯併せて三三度の大峯奥駈修行を行ったという。

現在も行われている奥駈け修行のコースには、熊野から大峯にむかう「順峯」、あるいは吉野から山上ヶ岳をこえ熊野へぬける「逆峯」とがある。むかし、役行者が修行してたどった道中には、修験道の山伏の人たちによって、靡《なびき》といわれる宿所など、七五ケ所の地点が定められている。靡とは、それぞれ道の中間にある「たむけの場所」で、道中の安全を祈って花をたむけたと考えられている。

七五靡というのは、「山伏の一里」の行程で計ると七五里になる、あるいはまた、厳しい難所を通ってよごれをおとし、本来の人間になるため七五日を要するからともいわれている。七五の地点は、それぞれ由緒がある場所で、北の吉野から玉置山を越え、さらに熊野三山へは約一八〇キロの行程である。あるいはまた、この行程を大峯四二宿とする区分呼称もある。

この奥駈けは、いまも毎年夏になると、それぞれの護持院が主催して実施しているが、逆峯をたどるのが多い。女人禁制の区域外は、難コースであるけれども女性もかなり参加しているようである。

第八章

韓国連広足の謎

彼は韓国から渡来したのか
役行者は山師か
百姓、妖惑の罪とは

一　韓国連広足、役小角に入門

世間では多くの浮浪人がしきりに歩き廻り、時には暴徒が集まって騒ぎを起こし、不穏な空気が流れていた。

そのころ、茅原の行者小角のうわさは生駒の峠を越えて遠く、摂津・河内から山城方面まで広がっていた。役小角が秀れた呪術者であることは、すでに朝廷の内部でも評判であった。写経所や典薬寮の役人らの中には、小角に呪術を習いたい者も多いという。朝廷や役所などの体制側でも、部民から浮浪人などの反体制側でも、もはや小角を知らない者は誰ひとりもいなかった。人気の高い呪術の評判をきいて、小角の弟子になりたいと訪れる若者もいた。

そのような連中の中に、野心に燃えた怪しげな一人の青年がいた。韓国連広足という。かれは役人になろうと希望していたが、それは難問であった。かれの家柄では閉じられた門のようなものであった。広足の周囲にいた同族の人たちは、写経所関係の経師・校正、また楽人・優婆塞あるいは下級の役人(1)などであった。若い広足は、自分の将来について身近の人にも相談した。写経所関係の仕事はあったけれども、決して楽なものではなかった。根気がいるので、手先よりも口の達者な広足には、我慢ができない。貴族や豪族の出身でもない者が職を選ぶとすれば、やはりこんな職を選んだろうが、実際に就職することは容易ではなかった。経師でも、校正でも採用してもらえばよかった。

文武天皇の時代から和銅年間にかけては、新しい律令の制度をととのえ、文化の面でも、向上しようとする気運が高まっていた。そのために、いろいろな知識や技術のある人が必要であった。しかし、人材が不足していた。それを補うために、当時は技術的にも素養がある僧たちが、しきりに還俗すなわち僧侶の籍から一般人にもどされていた。僧侶たちは、専門的な知識が必要な場合に、一役[2]をかっていたという。

このような世相の中で、事情をよく知っていた広足は、将来の方針を決めようとして迷っていた。そのころ地方の医師も国医師でも、まだまだ能力が劣っている上に人員も不足していた。広足は典薬寮関係の仕事に目をむけていた。かれは役行者のおどろくばかり優れた呪術の評判や、また採薬合薬の秘法を手にしたいと強くあこがれていた。

広足は、評判が高い役行者の弟子になろうと決心した。『続日本紀』には、「初め小角は葛木山に住み、呪術を以て称せらる。外《げ》従五位下韓国連広足が師なりき。」とあるように、小角は呪術者として有名であった。外従五位下韓国連広足とあるが、これは、天平四年（七三二）十月に初代の典薬頭《てんやくのかみ》に任命されたので三〇余年も後のことである。当時は、まだおそらく二十歳代の若者であった。

しかし、かれは本当はどんな目的で入門を志したか判らない。役行者の得意な呪術を習おうとしたとされているが、あるいは合薬の秘密を探ろうとしたともいわれる。また、広足は、かねてから習得している大陸から渡来した道呪が、小角の呪術よりも優れていると自信をもっていたが、小角の評判からやはり負けはしないかと不安があるので、小角の呪法の本質を探ろうとしたのだともいわれている。

韓国連広足という男は、一体どのような人物であろうか。その氏姓からしばしば朝鮮から渡来したとされているが、本来大和の豪族物部氏の出自である。(3) 物部氏の系譜によると、継体天皇に仕えていた大連《おおむらじ》で、神宮を奉っていた目大連の子に、物部塩古連と物部金古連がいる。(4) それぞれの子孫が葛野韓国連と三島韓国連で、広足はその系統である。先祖が三韓に使いした功績によって、韓国姓を賜わったという。『新撰姓氏録』によると伊香色雄命《いかがしこう》の子孫であって、武烈天皇の御代に物部真鳥が韓国に使者として派遣され、日本に帰って但馬の楽々浦《ささうら》についた。都に帰って報告をした日に韓国姓を賜ったとある。(5)『続日本紀』天平三年（七三一）正月二十七日、物部韓国連広足、また、天平四年（七三二）冬十月十七日、外従五位下物部韓国連広足を典薬頭となすとあるように、あきらかに物部氏の出身である。後の延暦一〇年（七九〇）に、系類である韓国連源が、韓国の姓では外国から新来の者に似ているから、昔から今にいたるまで通則である住居地によって、高原に改姓したいと願い出て許されている。

さて、小角の弟子になった広足は、呪術を伝授されるのをひたすら期待していた。しかし、小角は一向に教えてくれなかった。弟子の義覚や義元は、小角にしたがい行動を共にしているだけであった。広足は失望して、くやしさが先にたった。小角は、朝夕太陽にむかって手を合わせ、読経や瞑想に明け暮れする期間があるかと思えば、弟子を連れて何処かへ修行にでかけることもあった。

広足の心の鏡は余りにも世の中の垢に汚れて曇り、自分のかすんだ目には己自身さえ見失っていた。心鏡を磨いて透んだ目で見つめなければならない。邪念を去って、一心に祈禱をしなければ、呪力を授かることも、発揮することもできない。広足は呪力は努力さえすれば得られるものであると考え、自然から授かるものであることが、わかっていなかった。

二　役行者は山師か

文武天皇の時世も平和ではなかった。うちつづく飢饉や悪い疫病が大流行し、さらに労役を嫌がり、税金をのがれようと逃げるなど、人々は苦しい生活にあえいでいた。

朝廷ではこれらの対策と共に、かねてからの新しい律令を実施しようと努めていた。律令の実施をめぐって、その立案責任者ともいえる藤原不比等の横暴が目立っていた。不比等は皇子ら皇族に対してさえも、特にきびしい態度をとりはじめていた。また、朝廷は反体制側の動向、特に土着の大和豪族などの反対する勢力の動きには、きわめて神経質になっていた。

役人の風紀も乱れていた。そこで、文武天皇二年（六九八）三月に実施する郡司を選ぶ試験は、公平に行い、特に郡司は、法律にしたがって公平に任務を果たすように命じられた。

当時の情況を調べようと、『日本書紀』を丹念に読みかえしているうちに、文武天皇二年にかぎって異様な事実が次々に記録されているのに気づいた。それは、諸国から朝廷に鉱物類の献上である。天武・持統天皇の時代でも、このような記録はまれである。わずかに天武天皇三年（六七四）対馬から銀産出、また持統天皇五年（六九一）秋七月、伊予国司田中朝臣法麻呂らが、宇和郡の御馬山の白銀と、その粗鉱を献上している。まことにまれな珍しいことである。文武天皇の御代になって、元年（六九七）には鉱物が献上された記録はない。文武天皇二年（六九八）になると、つぎつぎにでてくる。

三月　銅鉱　土佐。

六月　白磐石《びゃくばんしゃく》　近江。
七月二七日　白錫《しろなまり》・錫鉱　伊予。
九月二五日　銅鉱　周芳。
同月二八日　金青《こむしゃう》（紺青）　近江。朱沙《すさ》・雄黄《いうわう》　伊勢。朱沙　常陸・備前・伊予・日向。金青・緑青　安芸・長門。真朱《しんしゅ》　豊後。
十一月　白錫　伊勢。
十二月　金鉱を対島に冶金せしむ。
文武天皇三年（六九九）
三月　雌黄《しわう》　下野。

この三月には、巡察使が畿内に派遣されて、違法があるかどうか改めてきびしい検察がなされた。十二月になって、初めて鋳銭司が置かれた。

これらの記録を見るかぎりでは、文武二年の初めかその前年に各地の国司に対して、鉱物資源を調査し報告するように命じたと考えられる。政府は特に朱や金に重点をおいたけれども、金属の報告は少なく、期待したほどの結果はなかったと思われる。

その後、文武天皇四年（七〇〇）、二月に錫を丹波から献上した。また、大宝元年（七〇一）三月、「金《くがね》を冶《う》たしむ」という陸奥《みちのく》の記録もある。対島の嶋からは金を献上している。八月七日には、忍海郡人三田首五瀬を対島に派遣して、「黄金《くがね》を治《う》ち成《な》さしめき」と書いてある。五瀬の功績に対して正六位を授けたが、後になって詐欺であったことがわかった。これらの記録は、当時、朝廷が金の産出にいかに力を尽くしていたかを示す証拠でもある。

国内の金属資源の調査を行い、また畿内の巡察をしている間に、役小角の動静が大きく浮び上ってきた。朝廷の調査において、小角ら一派は金を探っている疑いが強くなってきた。何者かが巡察使へ不穏の密告したのか。怪しいうわさが流れていたのかもしれない。

先の文武天皇二年（六九八）に実施した金銀類の調査は、おそらく貨幣を鋳て造るために、必要な金属類を集めるためであったのだろう。文武三年におかれた鋳銭司は、初代の長官が中臣朝臣意美麻呂であった。小角らの行動を封じこめようとしたのは、かれら藤原一族の意向であったか、あるいは、政府が葛城の呪術者小角らの隠れている勢力を恐れて、かれらの活躍が活発にならないうちに封じこめようとしたのかもしれない。

小角のような山岳修行者は、薬草を求めて各地の山林を探ると、金や鉄・銅などを含む鉱石を発見して手をふれることもある。おそらく、山林修行の人達の中には言い伝えや経験、また仏教の方からの教示から、薬物について相当な知識をもつ人もいたことはたしかである。また、小角をはじめ修験の山伏たちには、金山などの金属資源を探る山師的な側面があることは、従来からもしばしば指摘(6・7)されているところである。

葛木山に、これらの資源が存在したかというと、やはり疑問もできてくる。しかし葛木山麓には、かつては銅鐸の製作が行われた証拠も出土している。忍海のような地方には、鍛冶職などがかなり住んでいて、鋳物や製鉄の技術者も多かった。

三　韓国連広足、小角を讒言《ざんげん》する

そのころ歌人柿本人麻呂が、なぜか反体制側の疑いがあるとして、取り調べを受けていた。小角は、吉野の道場に出かけて修行を重ねていた。持統上皇は、かねてから吉野の離宮に、幾度となく行幸をくりかえしていたから、小角の行動やかれら一派の動きについては、かなりの情報をつかんでいたはずである。しかも、朝廷にとって疑心暗気をうむような好ましくないことが多かったにちがいない。

広足は、このような情況にある朝廷の内部事情を、かなりよく知っていたようである。彼は、呪術者としての素質に欠けていたのか、期待していた小角の呪術を験をあらわすほどの腕前になることができなかった。きびしい修練に耐えられなくなって、ついに小角のもとを去った。

広足は小角の験が著しい呪術をうらやみ妬んで、悔しさのあまり、小角が悪い陰謀をたくらんでいることなど、非難するうわさを流した。嫉妬に狂った広足は、小角が「妖惑《ようわく》の罪」を犯していると密告した。当時、朝廷が小角の行動を探っていたのに迎合するように、しきりに小角の悪評を流していた。

広足が、己の師の能力を妬むのも怪しからぬことであるが、かれの出世欲が、政治の陰謀にうまく利用されたのではないだろうか。かれは、小角を葬《ほうむ》り去るために、悪徳の権力者によって操られた疑いがある。朝廷側もまた、広足の行動を利用しようとしていたのかもしれない。

広足自身は小角を訴えた頃は、おそらくまだ無名の一青年に過ぎなかった。

世間に伝わる話はこうである。

小角は、広足が悪賢くて、貪欲《どんよく》なことを見抜いていたけれどもあえて弟子にした。かれは、邪悪な心のために、呪術をつかっても、全く験があらわれなかった。広足は小角を深く怨んで、どうして本当の秘術を伝授してくれないのかと迫った。小角は、広足が呪術を習っても、心に戒をもたず人々を救う心もなく、自分の立身出世だけを願うのは邪念であると戒めた。

坪内逍遙は、彼の戯曲『役の行者』の中で、韓国連広足が、「行者の厳密な行作に堪えず、修行を怠り、行者にさんざんに叱られ罵《ののし》られ、ついに都にあがり朝廷に、役小角と申す者邪術を行い愚民を惑わし、財物をむさぼり取り候と、天逆《あまのじゃく》に讒奏《ざんそう》した」と事情を述べている。

逍遙は、小角逮捕の理由を武官に語らせている。

「やいやい、その方が役の小角か？上意じゃ。きっと承れ。その方年来邪法を修し、愚民を惑わし、剰《あまつさ》え天朝に対し奉って、大逆を企つるの由訴人あって明白なれば、朝命を承り、召し取りの為に相向かった。………」

小角の犯した罪を叫んでいるが、やはり妖惑の罪も告げている。

さて、刑部省《ぎょうぶしょう》では、小角を罪するために情報をさかんに集めていた。葛木山のふもとの村々はもとより山城から河内、摂津と畿内の各地に取調がおよんでいた。小角に関係がありそうな者は、一人残らず徹底的に取り調べられ、特に賀茂一族の者に対してはきびしかった。

なぜか、調査の手は海をわたって四国にまでのびて、伊予の知事にあたる大領、越智玉興にまでおよんでいた。玉興が、小角と共謀の疑いがかけられ呼び出しをうけていた。元来、越智家は、瀬戸内海のほぼ中央にある大三島の大山祇神社の神職で、社務全般を司る大祝《おおはふり》職であった。(8)而者の間に何か関係があったと思われる。

越智家の系図には、「人皇四十二代文武天皇三年、役小角が配流の節に、玉興がご不審を蒙り政府に召し出されたけれども申し抜き相立ち………」と明らかに記録されている(9)ように、玉興の申しひらきが立ったので、許され帰国したことになっている。

しかし、小角が伊豆大島に流刑に決まった時、玉興は無実であることを陳情したけれども、う

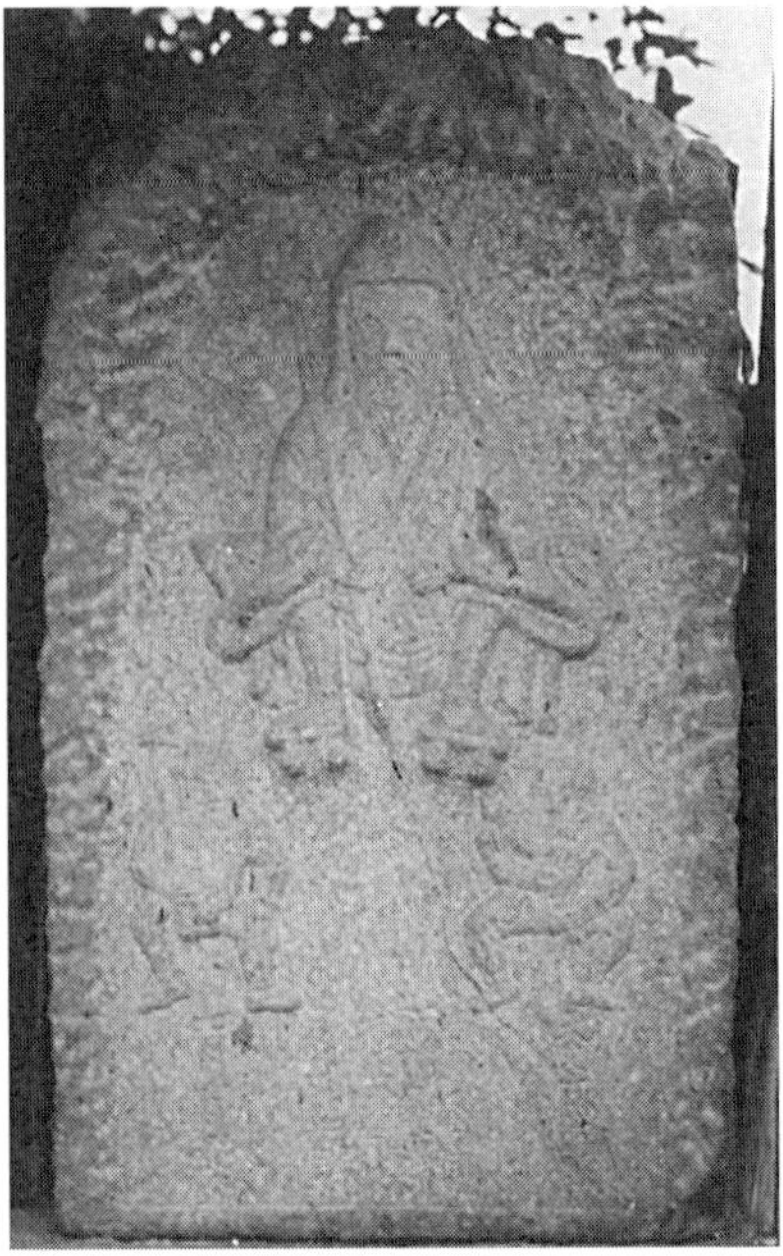

県下最古の役行者石像
(天文15年、奈良市秋篠寺)

けいれられず、かれもまた同罪に処せられたという説もある。なおまた、この話は三島大明神の縁起を説くために、越智玉興の説話のわき役として、後から増補された話(10)であるともいわれている。

葛城山で修行した一介の呪術者小角が、日本の正史に登場した大きな理由は、韓国連広足が小角を朝廷に訴え、伊豆に配流された事実によるものである。もし、この事件が無かったならば、小角という人物は歴史の表に現れなかったかもしれない。このために、土俗の一呪術者にすぎなかった小角が、かえって修験道の開祖役行者としてまつりあげられた。したがって、この事件は、役行者の伝記においては重要な意味をもっている。

第九章　一言主神の謎

金峯から葛木か、金剛山から葛城か

小角密告の真犯人？

山鉾「役行者山」の神々

一　一言主神に石橋をかけよと難工事を厳命

古代、暴君の代表は幼武尊《わかたけるのみこと》すなわち雄略天皇かもしれない。気に入らないとすぐに剣を振り回し、平気で人を殺したという。そのころ、葛木山は絶好の狩場であったので、天皇は、よく狩をしたが、いつも天皇と獲物を取り合い、争っていた一人の老夫がいた。天皇は、ついに腹を立て、その老夫を四国の土佐に流してしまった。この老夫は高賀茂神で、実は葛木山の一言主神であった。

一言主神が古代から葛木山の山の神で、推古天皇時代から皇極天皇時代までの間に現れた。このことは確実であって、その頃、ふもとの高宮にまで進出してきた蘇我氏や渡来系の高宮村主の人々によってまつられていたという。

時代が変わって文武天皇の頃、役行者と一言主神との間に大事件をおきたのである。

ある日、小角が、一言主神をはじめ多くの鬼神たちを、葛木山に召し集めた。鬼神たちは何事かと、ぞくぞくとあつまってきた。小角は、かれらに金峯山と葛木の峯との間に、石橋をわたす大工事をせよと厳しく命じたのである。

このような途方もない大工事に荒くれ鬼神たちは、びっくりしてしまった。吉野金峯と葛木山の間に、石橋など架けられるだろうかと心配した。しかし憂いながらも、小角の威力の前には従わざるをえなかった。鬼神たちは、しぶしぶ作業をはじめた。

大難工事で一向にはかどらない。短気者の小角はついに腹を立ててしまった。工事が進まない理由は、『三宝絵詞』によると一言主神には悲しい事情があった。

鬼たちは、日が暮れて暗くなると作業をはじめた。一言主神は、自分は顔がはなはだ醜いから、昼は仕事をしないで夜間だけすると答えた。しかし、小角は工事が順調に進まないので、何のはずかしいことがあるものか、昼も作業をせよと一言主神を叱りつけた。小角は速くせよと責めたてたが、かれはどうしても命令にしたがわなかった

一言主神は、夜が明けるのがわびしくて堪えられなかったのである。

ついに、一言主神は反抗して、小角が天皇を倒そうと謀反の計画をしていると朝廷に告発した。その結果、小角は伊豆大島に流罪となるのである。

小角が命じたのは、実は金剛山と葛城山の間で、たとえ修行の身であっても谷が深く越えるにはなはだ不便であるから橋を架けよと命じたという説もある。この伝承の舞台として、金剛山と葛城山との間と考えるのが、もっとも自然のようで、葛木山から金峯山までとは、途方もない重

労働である。
思いあまって悲嘆の末に、一言主神が朝廷に泣きついたのも無理がないかもしれない。

二　役行者伝から消えた韓国連広足

小角が伊豆に配流されたのは、先に述べた『続日本紀』によると明らかに韓国連広足がいつわって告発したためであった。しかし、『日本霊異記』では、一言主神による告訴となっている。いつの間にか、広足と一言主神が入れ代わってしまう。後の多くの役行者伝では、おおむね一言主神が密告者で、広足が登場しない不思議な話として伝えられてきた。[1]なぜ、一言主神を広足の代役にしたのか。仏教徒である小角に神である一言主神を追い落とさせたのだろうか。

もともとこの説話は、『日本霊異記』の著者景戒が、まず神よりも仏が優位であることを示すために、三宝を信仰した小角に一言主神を使役させた。さらに、勢力を広げるために、葛城山から吉野の金峯山の仏教徒までも連合させようとして、呪術者小角をして一言主神を使役させる話を創作した可能性もある。

本居宣長は、この事件を神と仏、神道と仏教の対立ととらえ、僧たちの謀略であると非常に憤慨し小角をそしっている。『古事記伝』にある彼の考えを聞くことにする。


大かたかかる類の説は、神を卑き者に落して仏の法《みち》を尊き物にしなさむための謀にて、例の僧《ほうし》のともがらの虚説《そらごと》なり。右の説も小角みずから造りたるか、あるいはその流れを汲む輩などの、造出たることとなるべし。そもそもこの一言主大神は、この天皇すらかく畏み賜うばかり、いみじき御威徳ましまして、尊き大神にましますものを、小角の如き微賤《いやし》き者の、いかでかよくいささかも制し奉ることを得む。かえすかえすおふけなくいともかしこき妖言《およづれ》にこそありけれ

さすがに、神を敬う国学者の意見である。雄略天皇と対等に争うほどの一言主神は、本来葛木山の神である。これは、景戒らの僧たちが一言主神を小角と対立させて、仏の方が神よりも優れていると主張する手段にしたというのである。

一方、『木葉衣』の著者行智は、役行者が宗祖であるべき一言主大神を縛るということは全くあるはずがないと二つの理由をあげて言明している。

まず一言主神が顔はみにくいというけれども、それは葛城山に住む邪神悪鬼の類であって、真

の一言主神は、雄略天皇と間違えられるほど立派な容姿であった。それゆえに、みにくいという鬼神は、全く偽者であると主張する。

つぎの理由は、当時一言主神は葛城にはいなかったという。葛城山で狩の獲物を雄略天皇と争ったために、土佐の国に流されていた。ふたたび、葛城の高宮に呼びもどされたのは、天平宝字八年（七六四）である。賀茂朝臣田守らの賀茂一族の尽力と、さらに朝廷において権力があった弓削道鏡の援助もあったという。したがって行智は、「我は一言主神」と名乗りでたものこそ、姦邪の神に違いないから、小角が邪神として呪術によって縛ったのだと力説している。

また、津田氏(2)は、まず一言主神を密告者として連れてきたのは、役小角と同じ葛木に住んでいた事によるもので、中国の仏教徒が呪法を以って鬼神を使役したと同じように、一言主神を鬼神の列に置いたので、葛城の山神一言主も仏教徒小角の呪術には、服従せざるを得なかったのだと解説している。

この役行者と一言主神の話は、中国などの書物にある物語をまねた、全くのつくり話であるという意見もある。醜い一言主神の話が最初に出てくるのは、『三宝絵詞』である。これと似たような話が実は『三斎要略』(3)にある。

昔、秦の始皇帝が海中に石橋を造ろうとした。ある人が人の力ではとてもできるものではないが、海神が作業をすれば、柱も堅固にすることができるだろうと。そこで始皇帝は、その恩恵にあずかろうとして、海神に礼をつくして面会を申し入れた。海神は、自分の形は醜いから、決してその形を画くなと約束して、帝と会うことになった。ところが、始皇帝の方で約束に背いたので、速く立ちされと命じた。かろうじて帰ることができたという

この醜い海神の話を換骨奪胎して、一言主神の説話を創作したのだろうか。これを指摘したのは『元亨釈書』の著者虎関である。

他方、歴史上の人物である韓国連広足にたいして、その子孫等にさしさわりでもあったために、これに（一言主を）とって代らしめた、と考えられぬこともないという別の意見(4)がある。広足を一言主神にかえたのは、『日本霊異記』の著者景戒の立場に、何か特別の事情があったという疑いである。当時、南都六宗の対立がはげしい時であったので、かれの薬師寺派の法相宗を護ろうとしたのではないかといわれる(5)。景戒が自己の保身と自派法相宗をたすけ護ろうとして意識的に広足の名を伏せて、一言主神の説話に置きかえたかもしれない。

柳田國男氏は、別の解説をしている。小角が一言主神に祈ると、神は人に乗り移って託宣する。この乗りうつられるのが広足の役割であったにもかかわらず、かれは小角を裏切って勝手な託宣をしたのだという。

修験者の修法において神を降ろし人に憑《つ》けるには、通例門弟の若者などをもって因童《よりわら》とした

ものであるが、神が讒《ざん》したと云うのは即ち広足が告げたのかもしれぬ。弟子の小行者に悪心あって中途に打合わせを破り、従前の信任を濫用して神意を矯め伝えたとすれば、凡人の耳には神自らが、道師を売ったように聞こえたかもしれぬ（『一言主考』）

広足は、一言主神が憑いたふりをして、異端を企てて自分勝手な託宣をしたのである。こうなると、一言主神が小角を謀反人として訴えたのだと、いわれても仕方がないことになる。

あるいはまた、この一言主神が小角と抗争して呪縛された話は、蘇我氏が滅んで一言主神にたいする信仰が衰えてゆく間に生まれた伝承であって、一言主神が悪者にされた(6)という。大化改新の後、一言主神を崇拝していた蘇我氏一族がすでに没落していたので、一言主神がいつのまにか、韓国連広足の代役として意識的に置きかえられたのかもしれない。

多くの伝記では、朝廷に小角を告訴したのが、広足ではなく一言主神であるという説がまかり通ることになる。

三　一言主神の説話の展開

役行者が、鬼神たちに命じて、吉野金峯と葛城山との間に石橋を架けさせようとしたのは、実際にどのような目的があったのだろうか。

　これについては、いろいろな解釈がなされている。まず、吉野川などの氾濫によって、交通に苦しむ人々を救済する奉仕作業だという。あるいはまた、小角が反体制側の葛城と、権力を奪う拠点とする吉野を結ぶための交通路を確保するための軍事的な目的であるという。

　さらには、そのころ葛城山から鉱物資源が得られ、葛木と金峯山の両者の間に実際上のつながりがあったので、小角が橋を架けようというのは、採鉱する技術の面で橋渡しをしようとしたので、まったく架空の想定ではないという意見もある。(7)


　しかしながら、一言主神と小角と対立談は、室町時代になると、なぜか消えるように役行者伝から無くなる。修験道が次第に発展してくるとともに、このふしぎな現象がおきてくる。山の神と小角との抗争は、教義上からは相応しくない。したがって、『三国伝記』『修験修要秘決集』『修験心鑑鈔』などにも、一言主神の説話はない。

　そのかわりに、伊豆流罪の理由として、『役行者顚末秘蔵記』では、役行者に横暴な振る舞いがあったためとし、また『役公徴業録』では外道の振る舞いがあったから告発されたとしている。『役行者本記』『役君形生記』では、伝承として一言主神との件をきわめて簡略な記載にとどめているにすぎない。

　修験道が発展して、大峯・葛城を抖擻する修行が普及してくると、山の神と抗争することは、山岳信仰とは相反することである。葛城山の主峰が金剛山と名づけられ、山の神一言主神と役優婆塞とが心を合わせ徳を合わせて、煩悩を亡ぼすために執金剛神の威徳をあらわしたのだと説かれている。(8)一言主神は葛城の山の神であり、本来からの信仰されていたはずである。そこで、しだいに、役行者と一言主神の抗争談は役行者伝から影をひそめることになる。かえって一言主神は、山岳修行の高山に祭祀される例さえでてくる。

しかし、一言主神と役行者の対立を、山岳宗教と里文化の対立ととらえた考えもある。

西郷信綱氏(9)は、『日本霊異記』にある役小角と一言主神との関係について、いわゆる自然宗教と普通宗教との出会いに際して、経験されざるをえなかった抗争の一つで、仏者が勝手に作り出した虚説などではありえないという。山の宗教として修験道の基礎が樹立されるには、在来の山の神とのたたかいは避けることができない一つの大きな主題であったという。

また何れにせよ、役小角が一言主神を始めとする鬼神を駈使したのは、それが土着の山霊であったからで、つまりこの話は一言主神に代って役小角が葛城の新たな主に、今やなろうとしつつある過程を語ったものであるという。

小角が古代において、国家が有力な基盤とする同族共同体を離脱して、別に一つの世界を樹立しようとしたので、役小角が山神一言主をこきつかい呪縛したのは、太古以来の固有な農民宗教を否定したことと、ほぼ同義なのであると述べている。

久保田氏[10]は、役小角を里文化の中にうまれながら、それを捨てた人だったととらえ、伊豆配流を恐るべき力量の山岳系宗教者ゆえに、平地を追われた出来事ではなかったかと思うという。そして、役小角と韓国連広足との関係を、山岳系の宗教と平地の文化の対立ととらえて、「山岳系の文化認識と里文化のそれとの相容れない関係であったように思われてならない」と、この相容れない状況は、山岳の純粋世界と平地の現実的・実利的な世界との関係ということになるかもしれないと考えている。

他方、修験道の立場から別の解釈もある。金峯山は山が険しく陽位にあるが、守護する八大金剛童子は陰数である。また、葛城山は山形柔和であって陰位にあり、七大胎蔵権現の七は陽数である。金峯と葛城をつなぐ架橋伝説には、この陰と陽との和合を願う深い意味がかくされていると説いている（『修験三正流義教』）。

中世の世になって、葛城の女神が、出羽の羽黒山で修行した山伏に救いを求める哀れな話に変わっている。謡曲『葛城《かづらぎ》』［古名「雪葛城」は、世阿弥（一三六三？〜一四四三？）作とされている」では、葛城の谷底に、呪縛されたままになっていた一言主神は女神に変わる。

シテ（葛城の神）「さなきだに女は五障《ごしょう》の罪深きに法《のり》の咎めの呪詛《しゅそ》を負い　この山の名にし負う蔦葛《つたかづら》にて身を縛《いま》しめて　なお三熱《さんねつ》の苦しみあり　この身を助け賜ひ給え」

ワキ（山伏）「そも神ならで三熱の苦しみということあるべきか」

シテ「恥ずかしながらいにしえの　法の岩橋架けざりし　その咎めとて明王の
索にて身を縛しめて　今に苦しみ絶えぬ身なり」

女神すなわち一言主神は、岩橋を架けなかったために、役行者の怒りに触れ不動明王の金縛の呪法によって縛られ苦しむ。女神は、山伏に心を鎮め三熱の苦しみを免れるために、大和舞の御神楽を奉納して、舞うように願うのである。

このように一言主神を巡る話は、葛城の女神が、修験道の山伏にすがってお願いする哀れな話に変わる。この大和舞は、天照大神が、天の岩戸に隠れた際に舞った神楽である。

この変わりゆく一言主神と役行者の関係を、もっとも象徴的に現しているのが、京都祇園祭の山鉾『役行者山』（室町通三条上る役行者町）である。

京都祇園の夏祭、祇園祭は平安時代のむかしから伝わる伝統ある年中行事である。

ご神体は、役行者・一言主神・葛城神である。正面の洞の中に役行者すなわち神変大菩薩が経巻と錫杖をもって座している。葛城神は台付きの輪宝を持って行者の向かって右側にいる。一言主神は赫熊をかぶり斧を持って左手に位置している。「役行者山」は、「悪病除けの御守り」を授与する厄除の山鉾である。

さて、一言主神の石橋説話は、律令制が確立した際に葛城の原始的な託宣の神であった一言主神が零落していったことを説話的に示したものであるともいわれる。この話には、仏徒役行者が、神を従伏させる意図もふくまれているが、別に江戸時代に、役行者が新しく神を迎える話も生まれてくる。

ある日、小角が葛城山で修行をしていた時のことである。遙かに東北の方を眺めていると、美しい紫の雲が山々の峯の上に棚引いて霊妙な瑞相が現れた。小角はまことに荘厳な雰囲気に包まれて導かれるように瑞光をたどって行った。すると独りの神が現れ小角に親しく語りかけてきた。その神は「われはこれ麁乱神《そらんしん》。仏から三宝を衛護の任務を受けた三宝荒神である。九万八千の一族がいる。悪人を統治し罰する力を持っている」といい給うた。これが小角と三宝荒神との出合の発端である。

火の神・かまどの神として、また屋敷や村の地荒神、あるいは牛荒神としてまつられる。庶民が信仰している三宝荒神は役行者との出会からで、現在でも一般に広く信仰されている神である。

役行者と対立して、話題をなげてきた一言主神は、現在、葛城山麓にある一言主神社にまつられている。葛城山脈の東にある森脇（奈良県御所市森脇）から西の方へ松並木の参道を進んで行くと山麓に葛城坐《かつらぎにいます》一言主神社がある。石段を上ると、神殿、拝殿、社務所、境内末社が広い境内に建ち並んでいる。祭神は一言主大神と幼武尊《わかたけるのみこと》（雄略天皇）とされている。一言主神は一言

葛城一言主神神社（奈良県御所市）

で願いごとをかなえてくれるので、今もなお地元では「イチゴンジンさん」「イチコンさん」と呼ばれて霊験あらたかな神として人々から親しまれている。

第十章

伊豆大島遠流の謎

富士山に飛翔する小角の呪術
無罪、茅原とんどの由来
瀬戸内をさまよう熊野権現

一　役行者、捕らわれ伊豆へ

役行者を訴えたのは、真実韓国連広足か、一言主神か、あるいはその神人であったとしても、役君小角が伊豆に流されたことは事実である。役行者を架空の人物であるかのような記述にあうこともあるが、『続日本紀』文武天皇三年、「丁丑《ひのとうし》役君小角伊豆島に流さる」という正史の記録こそ、役行者が実在したという真実の証明である。

小角は、きびしい取り調べを受けた。しかし、民衆を妖惑したというような犯罪の事実は何もなかった。役人たちは小角を罰しようとてぐすねを引いていたが、彼の反論によって逮捕の思惑ははずれてしまった。しかし、小角一派の暗躍をおそれていた朝廷では、当初から小角を捕らえて処刑する意向であった。取調の結果、刑部省《ぎょうぶ》から小角にたいして有罪の判決が下って、逮捕の役人が向かった。役行者が、逮捕されるにいたった理由については、つぎのようにさまざまな意見があげられる。

まず、役行者が葛城山の司祭のような職に満足することができず、吉野の修験集団と葛城の集団を連合させようと計画し、朝廷から危険人物とされたので、流罪になったという。[1]
あるいは、当時賀茂氏は、大和朝廷の権力に従って宗教活動を抑えられていた。小角が出たころは、一言主神の託宣による宗教行為を禁じられて、陰陽道的かつ道教的色彩のあるものに変えられていた。広足は、すぐれた小角の呪法に太刀打ちすることができず、役人の立場を利用して小角を陥れるために、朝廷にかれが謀反を企てていると密告したという。[2]
しかし、当時広足は、まだ若くそんな地位にはいなかったはずである。
当時の律令政府は、仏教を国家を鎮護するために利用して、これに反対する活動は禁止していた。しかし、小角は仏教徒であるにもかかわらず、道教的な活動をしたために罪になったという。広足も、道呪や道士の法をおこなったけれども、仏教徒ではなかったために罰は受けなかった。さらに、小角は大和朝廷の守護神である一言主神を呪術で縛りあげた。このように、優婆塞小角が仏法を無視して道経の呪法にたより、また朝廷を守護する一言主神を使役したのは大罪を犯したのであって、充分に伊豆配流の刑に値するという。さらに、吉備麻呂を先祖とする高賀茂朝臣家と小角が対立して、内部抗争をした事件があったとも推察されて、これに広足がつけこみ告訴したとも考えられている。[3]
あるいは、広足が役行者の仏教系の呪術もまなびながら、宮廷呪禁師としての立場を役行者に犯されるのを恐れて小角を排除しょうとしたと想像してはどうであろうかという。[4]だが、かれは当時まだ呪禁の地位にはいなかった。

つぎのような意見もある。僧尼令には八逆の罪として大不敬の罪がある。天皇の御薬の調合に、誤った処方をするのも大不敬の一つである。合薬は造薬に通じて、山伏には禁止されていたけれども、小角がこの罪にふれたのではないか。また、小角の呪術には大陸伝来の影響がみとめられ、外国と往来をしたことが、謀叛の罪にとわれたのではないかと、流罪の理由をあげる人もいる。[5]しかし、葛木に住んで山岳修行に終始していた小角に、果たして外国に渡ることができたであろうか。まして、反体制側の小角が、天皇の合薬に関係したとは無理な考えである。おそらく、伝来した文物や渡来者を通じての交流はあっただろうが、小角自身が国外へ渡航したり、また、典薬寮の役人でもないのに合薬するなど、おそらく不可能だろう。

このように、小角流罪の理由については、いろいろ考えられている。おそらく、小角の行動が、彼自身の呪術・宗教的なものから政治的な活動への飛躍をおそれた朝廷が、それを未然に防ごうとしたのではなかろうか。当時の権力者の立場を考えると、かれらの意向に反する者は、何らかの罪名を着せられ、しばしば刑に処せられていた。特に持統上皇や藤原不比等の専横が、まかり通っていた当時は、一介の優婆塞を失脚させ、罪に陥れるのはわけもないことであっただろう。

朝廷側では、眼の上のこぶのような小角を、逮捕しようとして秘策をねりはじめていた。役人らは、小角を逮捕するために葛城の道場に向かった。しかし、小角は逮捕される理由が無いといい、役人らは、強引に小角に縄をかけようとすると、かれら自身が感電したように動けなくなった。小角の金縛りの術にかけられて、どうしても捕らえることができなかった。

役人が大勢で向かうと、小角は空に飛び上がるのでかれらは途方にくれて、ひとまず引き揚げることにした。しかし、刑部省の長官から早く逮捕せよと、しきりに督促されて困ったかれらは、あれやこれやと秘策をねった。あげくの果て、悪知恵をしぼりだして卑怯な手段をつかった。

それは、道場茅原寺に居る小角の母の白専女を捕まえ、人質にしたのであった。弟子の義覚・義元らは怒って、白専女を奪いかえしに役所を襲うと騒ぎまくっていた。しかし、さすがに気強い小角も母への危害を心配して、自ら役所に出頭して母を釈放させ、いさぎよく獄につながれたのであった。

二　伊豆の行者

獄中にとらわれていた小角は、いよいよ遠流の刑と決まった。律令以前の刑であるから、当時としては、おそらく最もきびしい「島葬り《しまほうむ》」とでもいえる刑であった。

もし、立案中の律令によるとすれば、配三条には、「およそ流配すべきは、罪の軽重によりて各三流に配せよ。いわく、近《ごん》・中《ちゅう》・遠《おん》処をいう」。これは京からの距離による。

伊豆大島の行者窟、左の右下、右は入口（二見道子氏提供）

遠流のうち伊豆は七七〇里、安房は一一九〇里、常陸は一五七五里で最も遠い。佐渡は一三二五里、隠岐は九一〇里、土佐は一二二五里である。中流は、伊予等国五六〇里。また近流のうち越前は三一五里、安芸等国は四九〇里である。

裁判の結果、小角は伊豆大島に流されることになった。役小角が配流される以前、天武天皇四年（六七五）に、三位麻績の第一子が、また持統天皇の時に賜死した大津皇子の従者であった蠣杵道作《ときのみちつくり》は、朱鳥元年（六八六）に伊豆に流されていた。

役小角が、伊豆大島に流されたのは、『続日本紀』では文武天皇三年五月二十四日である。そのころ畿内では、打ち続く干天に田植えもできず百姓たちは困り果てていた。人々は小角行者に雨乞いを願っていたのであった。

小角は役人に付き添われ、どのような経路をたどって伊豆に向かったかわからない。おそらく、まず陸路、伊勢への街道をたどり、尾張熱田を経て東海道にでて、伊豆に向かっただろう。長い日程である。伊豆は下田から大島に渡ったという。あるいは、小角は泉州から南海を海路伊豆に向かったという（『役公徴業録』）。途中、遠州沖で大暴風雨にあったが、小角が孔雀明王の呪法をおこなったところ、あれほど烈しかった風波もおさまり、無事に大島の港についたとある。しかし、当時ひとりの罪人の護送に、このような長い航路をたどったであろうか。やはり、伊豆大島の近くまでは、陸路をたどったであろう。

なお、小角が配流になったのは、文武天皇三年五月二十四日となっているが、伝記によって遠流の年月はそれぞれかなり異なっている。(6)

さて小角は伊豆の大島に護送された。大島は周囲十里、伊豆群島のうちで最大の島で、波浮《はぶ》港がある。島の中央には、今も噴煙をあげている三原山がそびえている。小角がすごしたという岩屋は、東海岸の泉津村にある。岩屋は、太平洋の荒波が打ち寄せる絶壁に、大きな口をぽっくりと開けていた。高さ二丈（約六メートル）間口二丈、穴の深さは奥行き八間（約一五メートル）余り。干潮の時だけゆけるが、満潮になれば潮が満ちて近よることもできない岩屋である。今は、東京都大島町泉津、都立公園から海岸沿いに南へ徒歩三〇分ばかりのところに岩屋がある。

小角には、いよいよ海辺の生活がはじまった。岩屋に幽閉された生活であったか、それとも、岩屋を住処として案外悠々と過ごしたのか、小角の島生活についてはしるすべもないが、山林抖藪に明け暮れていた小角にとっては、まったく一変した環境であった。

彼は、はるか富士を眺めながら合掌し、いつも頂上を極めたいという気持ちにかられ、必ず飛んでゆくと心にちかった。やがて、小角は空中飛翔の呪術で富士山頂まで鳥のように飛んだという。昼は朝廷を畏れて島にいたけれども、夜になると、天城・走湯・箱根・雨降・日向・八管・江ノ島・日金から富士の頂上までとび廻り、暁には島に帰った。

小角が島にいる間、奇跡があちらこちらにおきた。毎日、夜になると龍灯が三原の山に登るのを見て、島の農民たちは、あの灯は行者様の灯明であるといって拝んだ。また、時には三原の山にかかった雲の上に、高さ二〇丈もある五重塔がそびえ立ち、遠くは房州の浜からも見えたそうで、人々は、まるで舞台で舞う能を観るように塔を見上げていたという。

この「宝塔が空中に涌出」の伝承は、おそらく『妙法蓮華経』の「見宝塔品第十一」を援用して、『役公顚末秘蔵記』の著者が創作した可能性がおおきい。

小角はまた、飛行しているうちに闇夜に霊光を発見し、独鈷杵で掘ったところ、勢いよく温泉が涌き出した。噴出する湯煙の中に観音様が現れたという。これは伊豆の走湯温泉を発見した伝承である。

日本で富士山を初めて開いたのは役行者とされている。最初に登ったのは役行者小角であるとか、あるいは、聖徳太子が黒馬に乗って登ったとも伝わっている。

『本朝文粋《ほんちょうもんずい》』は、日本で最初の文章作成の手本として、藤原明衡が編集したもので、その中に都良香が「富士山記」を書いている。明衡は承和元年（八三四）に生まれた。清貧に甘んじた天才的な詩人文章家であった。晩年には、真言密教を学んで何時も念仏を唱えていたとも、また山水を好んで仙術を学んで、大峰に入ったとも伝えられている。

この「富士山記」の中に、「相伝ふ。昔役《え》の居士《こじ》というもの有りて、その頂に登ることを得たり。」と役行者がでてくる。ここでは、役行者を居士として、富士山に最初に登ったことになっている。

伊豆大島、伊豆半島、富士山周辺には、今も役行者小角の伝説が多くのこされている。毎年六月十五日に、伊豆大島の行者窟では、神変大菩薩の供養をする「行者祭」がおこなわれる。行者が富士山頂まで飛ぶために着ていた蓑を掛けたという「蓑懸岩《みのかけ》」が伊豆半島の石廊崎にある。また、飛行中に湯煙をみて発見したのが、「走湯温泉」である。小角の弟子前鬼後鬼をまつる前鬼後鬼神社は、富士山麓御殿場にある。

三　刑場の異変　小角は無罪、帰国

文武天皇三年（六九九）十二月、かねて決定していた鋳銭司がおかれた。新しく律令を整えるために、浄御原令や唐令などを再検討することが、刑部親王と藤原不比等らに命じられていた。この律令を施行するために、いろいろな政略が動めいていた。

もともと、役小角は世間で人望があったけれども、反体制側の人物として、公然と遠流の刑に処せられたが、他方では柿本人麻呂は、暗黙の内にも追放と判るように、妻とともに山陰へ旅立っていった。人麻呂が、反体制の疑いで遠く石見《いわみ》の国へ追いやられたのは、丁度小角も密告され謀反の疑いをかけられた頃である。なぜか、不思議に事件の時期が一致して、人麻呂も小角も、藤原不比等らの策謀に乗せられたのかもしれない。役小角と人麻呂の配流は、新律令の施行に悪い影響がある者は消せと、律令発布・施行の前夜祭の人柱にされたようにも思われる。

さて、妖惑の罪は流された土地で一年の流刑に服さねばならない。小角の刑期は、その後の取調べによって加役流として三年、さらに謀叛の罪があると追起訴された。一言主神に仕えていた神人が、小角を死刑にしないと国が傾くと盛んに騒ぎ立てた。謀叛は大罪である。『扶桑略記』によると、白凰五二年すなわち大宝元年（七〇一）、小角の死刑執行のために役人が伊豆に向かった。小角は、浜の刑場に引き出され藁むしろの上に悠々と座った。役人が刀の柄《つか》を握りしめた時、小角は役人に命じるように殺刀を渡せといった。刀を左右の肩、顔や背などに触れさせ三度舌でねぶりおわって返した。死刑執行の役人が、ふたたび太刀を振りあげたとき、冴えわたる刀身に、不思議な文字がくっきりと写し出された。それは富士明神の表文《ひょうもん》であった。奇跡に畏れおどろいた役人は、どうしても刑を執行することができなかった。役人は、刀身に映じた表文を写しとり、委細を朝廷に報告した。

『役行者本記』には、「行者は我が身も心も仙人であると平然と太刀を受けた。しかし打ちおろした刀身は、段々に折れて行者の身は少しも傷付かなかった。行者が折れた刀身をなめると餅飴のように滴がしたたり落ちた」とある。

朝廷では、富士明神の表文を読んで、小角が大賢聖であることがわかり、天皇も畏れねばならないとおどろいた。ただちに死刑を免じて都にお迎えしなければいけないと、無実の小角を迎えるために勅使が派遣された。

ここで、役行者伝記に、また一大転換がみられる。役行者は、すなわち仏徒小角が葛城の神一言主を使役して、恨みをかって朝廷に告発する初期の伝記内容は、あくまでも神よりも仏を尊いものとする立場にたっている。ところが修験道の発展から、山の神一言主を崇拝する信仰の立場に変わる。こうして、伊豆に流された役行者も、神である富士明神のお加護によって救われることになる。

『大峯縁起』や、『役君形生記』『役公徴業録』では、富士明神を役行者の救いの神に当てている。また『役行者本記』『役行者顛末秘蔵記』では、それぞれ「波羅蜜の力」「神変」によって助けられたとしている。

小角は大宝元年無実の罪が晴れて無事に都に迎えられた。朝廷では、今までの事を詫び、天皇が小角を宮中に召しだし、黒冠を授けたという。今も修験道の山伏が頭に付ける黒い兜巾《ときん》(頭巾)は、この黒冠を記念した名残とされている。

小角の無事帰国の知らせは方々にとんだ。何よりも母のいる茅原の村人は、寒い夜空に、役行者が帰るというので、道場前に集まり大灯明を焚いて喜び迎えたという。これが、奈良県御所市吉祥草寺で毎年一月十四日に行われる「左義長《とんど》祭」の縁起のひとつである。

帰国の年は例年になく気候が不順であった。一滴の雨も降らず雨乞いの行事が各地で行われた。文武天皇は、霊夢によって茅原の道場に参拝して、孔雀明王に祈願をしたところ、霊験たちまち現れ大雨が干上がった田をうるほしたという。『寺伝』によると、文武天皇は後に茅原寺に水田十町歩を寄進したとある。

さて話はもどって、小角が伊豆に流刑中のできごとである。瀬戸内海の讃岐《さぬき》と安芸《あき》の間にある大三島付近の海に、怪しいみなりの男たちを乗せた何隻かの船がただよっていた。

小角が伊豆大島に流されてから、義覚と義元らの五大弟子たちは、茅原「新井の里」に奉っていた熊野本宮のご神体を奉持して、権現を安全にまつることができる霊地をもとめ船出した。熊野権現を鎮座したてまつるには、もはや近畿一帯は危険であった。安全な土地をもとめて、かれらは船で西海道へ逃れようか、あるいは伊予の越智氏に頼ろうかとさまよっていた。

小角の門弟三百余人は、淡路の六島から、阿波の勝浦・讃岐の多度津・伊豫の御崎をへて九州の各地をさまよった。三年のあいだに、それぞれの地に権現を分祀した。しかし、ご神体をおまつりする霊地は、なかなか発見することができなかった。ある年のこと、義覚・義元ら一行は、長い船旅に飲み水が無くなり非常に苦しめられた。その時、神仏のお加護によって、清水が海中から湧きでているのを発見した。この清水のおかげで、一行は奇跡的に助けられた。ここを水島と呼ぶようになったのも、この奇縁による。

ある夜、義覚は不思議な夢のご神託をうけた。お告げによった船を東に返し、時には大嵐にほんろうされながら、かろうじて備中と備前の境あたりにきた。そのとき、山の上から大きな声が聞こえていた。その声に導かれて着いたところが、吉備《きび》の国の石榴浜《ざくろ》(現在の児島下の町)であった。浜には、地主神の福岡明神が出迎えて、熊野権現をお護りしたいと申し出た。義覚らは喜んで上陸し、その地に寺を建てたのが後の惣願寺である。一行は、さらに奥地に向かって福岡の地に着き、そこに熊野権現十二社を安置(6)した。

大宝元年(七〇一)三月三日のことで、奇しくも小角が死刑を免れて帰国のころであった。

これは、五流修験の本尊、熊野権現の起源についての『長床縁由』などにある話である。

小角は、無罪となって伊豆大島から帰国した後、一言主神を呪縛して深い谷底につなぎとめた。雄略天皇と互いに名乗りあったほどの葛城の一言主神も落ちぶれてしまう。

『本朝神仙伝』には、「役優婆塞が一言主神を葛蔓で縛りあげて、谷の底に投げ込んで置いた。今、見てみると葛蔓が七回もぐるぐると巻き付いている。一言主神は、なんとかしてこの葛蔓を解きたいといろいろ思案しながら、もがき廻ったがどうしても解けなかった。そのために、一言主神は大変に悲しんで、大きな声で泣き叫び、その声は何年経っても絶えず、今もまだ聞こえている」と伝えている。

「役行者、葛城の神を縛る護法、たちまちにかつらをもって神を縛りたまいつ、その神は大なる巌にて見え給うなれば、かつらの絡《からま》われて袋などにものを入れたるように、ひもわさもなくまとわれていまだおわするなり」(『俊頼口伝集』巻上)。呪縛された一言主神は、紐で縛られた袋のような大岩に見えたという。

ところが、けなげにも一言主神を救おうと試みた僧がいた。この泣き声を聞いたのが、世間で越《こし》の小大徳と呼ばれていた泰澄《たいちょう》である。彼は小角の弟子としてともに愛宕山で修行したが、すでに加賀の国に帰り白山に住んでいた。彼は神験多端、験が著しい呪術者として民衆から敬われていた。

ある日、泰澄は白山で修行をしていた時に、一言主神の泣き声を耳にした。彼を助けようと吉野金峯の呪縛されている谷へと飛んだ。

泰澄は吉野山に飛び降りて、一言主神が置かれている谷底にむかった。一言主神に幾重にも巻き付いている葛蔓を解くために、まずねんごろに加持祈禱をはじめた。すると葛蔓は三回でぽろりと解けた。その時、天上の暗闇の中から、泰澄を叱り付ける恐ろしい声がきびしく聞こえた。その声がまだ消えないうちに、葛蔓はするすると一言主神を元通りに、ふたたび縛り上げた。まるで誰かが手にしているようであった。『同神仙伝』にはこう書いてある。しかし、この声の主は書いてない。小角仙人の呪術によるのかもしれない。

なお、泰澄はもともと飛鉢縁起の話で有名であるが、この物語を逆に役行者に仮託した民話も伝えられている。

第十一章　昇天か入唐か

小角の遺した碑文の謎
箕面天上ヶ岳から昇天か
母をともない唐に渡ったか

一　十界頓超して父母の供養

小角のその後については、不可解な行動が多い。当時は、伊豆遠流は刑期を終えても本籍地には、恩赦でもなければ帰れなかった。彼の帰国を伝えるのは鎌倉期以降の伝記である。

それによると、役行者小角は、富士明神のご加護によって奇跡的に助けられ、無実とわかって都に迎えられた。故郷茅原の家から、朝夕ながめる葛城や金剛のなだらかな山の姿は、火を噴く三原の山よりも、はるかにおだやかであった。小角は、ふる里のわが家で、ようやく伊豆の潮風から解放されたという思いであった。しかし、やはり、葛城・金剛の山は小角を呼んでいた。

小角は、ふたたび山に入ったが、無言のうちにも心中に何か強い決意を秘めていた。小角は葛城から吉野、さらに大峯山系へと足をむけた。山上ヶ岳の蔵王権現に詣り、さらに奥駈けを目指していた。かつて修行した最高の秘所深仙にようやくたどりついて、そこでしずかに瞑想の日を過ごした。

大峯で修行した行者仁宗聖人《にんそうしょうにん》の心には、〈尺に満ちた石は諸仏の座であり、また木が丈の高さにもなっているのは諸尊の光〉と思われ、また空を歩き地の下を踏むのも、これみな諸仏の側《ほとり》を歩いていると、昼も夜も思いをいたさなければいけないと述べている。大峯奥駈けには、仏の峯が連なっている。孔雀明王母菩薩の嶺、虚空無遍超越《ちょうおつ》菩薩の嶺など、諸尊諸仏が鎮座する峯々。岩屋や滝のある場所も霊地であって金剛・胎蔵の曼荼羅《まんだら》の世界である。

仁宗は、真に信じるものには、必ず菩提の妙果すなわち悟りの知恵が得られる。かりそめにも疑う心を発してはいけないと、末代のために大峯の胎蔵・金剛両界の諸尊諸仏の居る峯などを記し伝えている（『大峯縁起』）。

小角は悟りをひらいて正道に入り菩薩の十地を越えた。役行者は、十界頓超の証果がえられた。役行者は、悟りの果を得たい者は、かならず十界頓超（速やかに十界の悟りを得る）の行をしなければならないと無言のうちにも教えを授けている。峯中の十界修行とは大峯奥駈の抖藪である。

修験では十界一如《じっかいいちにょ》という。十界というのは、仏教で説かれている地獄・餓鬼・畜生・修羅・人間・天上・声聞・縁覚・菩薩・仏界の十の世界である。こころの中にも、これらの十界がある。

山伏は、雑念・妄想をはらい無念無想、必死になって岩壁をよじ登り、滝にうたれ行をするときは、菩薩界や仏界にいる境地である。俗界の身が、ただちに仏界にいることになる。

大峯の各行場における〈行〉は、修験道の重要な修行であり、山岳信仰の根元なのである。

さて、小角は伊豆配流中に、もはや日本は自分の住むべき国ではないと考え、日本を去る覚悟を決めていた。しかし、小角はまだ父母の恩に報いていないと、大峯の深山に二親のために千基の石塔を建てて供養をした。供養に奉仕を請いたてまつった講師は、大唐の第一の仙人北斗大師で、読師は智延大師であった。聴衆三八〇人、みな大峯の仙人であった。無事に法事がおわると、北斗大師は篠葉に乗って帰国なされたという。

このときに小角は、「われ父母の恩に報るために千の石塔を建て恭しく供養した。もし孝養の誠を諸仏が納受したまうならば、どうか諸天の善神よ、これらの塔婆を、速かに埋め隠し給え」と誓っていわれた。すると夜の間に、龍衆が黒雲を吐いて千塔をことごとく埋め隠し、朝には、天人が花のあめをふらせ、供養の色は様々であった。

小角は前鬼後鬼に木を切って四角の卒塔婆をつくらせた。かれはみずから筆をとって、卒塔婆につぎの秘文を書きしるした（『行者本記』）。

東　所成根本　貧瞋癡等　不改当位　毘屢遮那　三点法身
南　不論迷悟者　入於遍知院　不断煩悩者　超菩薩十地
西　一切諸衆生　法爾法然住　自在遊楽都　五峯金剛頂
白凰九年庚辰七月自恣日密乗仏子小角爪印

東西の碑文は、小角が龍樹菩薩から授けられた秘法の極意で、これは人々にあらわに示すべきでない。南面の碑文は、行者自らの教えとされている。この文意について『両峯問答秘鈔』（永正年間一五〇四～一五二一）には、貴も賤もこの大峯に入る者は遍知院に入り、これを信じるべしとある。胎蔵界曼荼羅の遍知院を出てから釈迦院にいる。前はすなわち金剛界、大峯の釈迦岳で、両界の最高峯であるによって碑文を立てた秘密の場所であるという。

白凰九年庚辰《かのえたつ》七月自恣日は、すなわち天武天皇九年（六八〇）七月、自恣日とは夏安居の終わった翌日である。小角四十八歳、十地を超えた記念として建てたのか。

『役公徴業録』では、裏書は北として「大宝元年（七〇一）夏四月孝子小角。敬白」とあるが、小角が父母の供養をすませ入唐する前々月にあたる。また、『役行者顛末秘蔵記』には、「裏書　慶雲四季丁未《ひのとみ》（七〇七）七月自恣日云々」とある。小角が唐から帰国し大峯深仙において十界妙道の悟りを得た日である。同じ内容であるが、年代がちがう。伝記著者の考慮の末である。

なぜに遍知院に入らねばならないか。この院中央の一切如来智印は三角智印、三角は女性能力を表し、また能く産むことができる創造原理をあらわしているという。『秘蔵記』の著者は、遍知院の三字は、いよいよもって秘密の事、その意義はまことに深妙であると書いてある。

二　小角の最後、何処へ

無罪、帰国その後の小角の消息は、多分に謎を秘めている。

小角には、母国を去る最後の日が近づいてきた。

小角は、それとなく母に気持ちを伝えてその日をまった。

文武天皇大宝元年（七〇二）辛丑《かのとうし》の五月初旬、小角はまず葛木山すなわち金剛山に参詣して、数日の間そこに留まっていた。さらに、心のままに箕面を経てから遠く金峯大峯山の深仙《じんぜん》にむかい護摩《ごま》を修めた。小角は、共に連れてきた弟子の義覚・義元すなわち前鬼と後鬼にむかって、自分の覚悟をじゅんじゅんと説いて聞かせた。

今後の大事な心得として、今からは山中の適当な地を定めて、大峯修行の行者たちに末永く奉仕すること、またそれを子々孫々にまで伝えるようにこんこんと諭した。やがて、小角はゆっくりと髭を剃りおとし前鬼後鬼にわたすと、二人は近く地面を掘って埋めて塚とした。今も「深仙の宿」には役行者の髭塚としてのこされている。

小角は前鬼後鬼につぎのように遺言をした。

われは、齢も六十八歳に満ちた。本寿には限りがないけれども、化寿は今年にあたる。この地を辞してゆくけれども、法は遺しておく。この法こそ、われであると思い、多くの人々を救うように心がけよ。わが魂は永く大峯に留まり、わが心は常に大峯にある。なんじらは、決して悲しみ嘆いてはならぬ。

大峯奥駈、弥山から釈迦、深山、前鬼へ
(『大和国細見図』より)

小角は、山をおりて茅原のわが家にたどりついた。そこには、帰りを待つ母の姿があった。

大宝元年六月七日、小角は箕面の東北にある天井ケ岳に登った。老母を誘い手を引いて、山の頂上に着いた。小角は聖衆に対して、寂静《じゃくせい》（煩悩を離れるを寂、苦患を絶つを静、すなわち涅槃《ねはん》）に入ることを告げた。

そのまだ夜の明けぬ暁の丑の時刻に、小角は鉄鉢に老母をのせ瑞雲に乗ってしずかに天上に昇ってゆかれた。このとき箕面の山川草木ことごとく小角をしたって泣いた。岩も石も泣いて、シュクシュクと泣く声に風も和して、流れる涙は地面をぬらしたという。

このように小角の最後は、「天朝に近づき、ついに仙人になって天に飛び去った」（『日本霊異記』）と昇天を伝えている。

一方、役行者は海を渡って、唐あるいは新羅《しらぎ》に向かったという。役行者は親子の別れほど難しいものはないと、母を見捨てることもできず鉄鉢に乗せ、わが身は草座に居ながら万里の波浪を超えて新羅の国に移られたともいう（『私聚百因縁集』）。あるいは「行方はわからず、後に高麗で小角に会う」（『本朝神仙伝』）、また「大宝元年正月一日、母子ともに大唐に渡った」（『金峯山本縁起』）など。

このような「小角入唐の事」は、おそらく『日本霊異記』にある役優婆塞が遣唐使に随行した道昭和尚と新羅で出会う話からうまれたのではなかろうか。これに、役行者の空中飛行の呪術と孝子談をあわせて創作されたとも考えられる。

ところで小角は母を鉄鉢にのせてとあるのは、小角の呪術によるのか。

こうして、渡海・入唐説においては役行者が遺したという頌文《じゅもん》[1]が意味をもつようになる。

本覚円融の月は　西域の雲に隠るるといえども
方便応化の影は　なお東海の水にあり

無明の惑いを捨て悟りを開いた小角自身は、西の彼方唐に行くけれども、衆生を救う教えの道は日本の国に残しておくと告げた。小角自身を円満融通の月になぞらえた方便の大意である。

一説によると、小角は西海道を下って九州豊前の彦山（英彦山《ひこさん》、福岡県田川郡添田町）に登った。小角は彦山から西海の肥前平戸に達し、その海岸から渡海入唐した[2]ともいう。いま、平戸の海寺（長崎県西松浦郡田平町野田）には、役行者の持ち物であったといい伝わる鈴が遺されている。僧行智が『木葉衣』に絵図を書き写しているそのものである。

一般には、小角母子が乗った五色の雲は、西方[3]を指して行った。役行者の命日は、この文武天皇大宝元年六月七日としている伝記が多い。

ところで、行者の両親の消息をつたえるのは、みじかい話があるにすぎない。母の墓所については、つぎのような記録があるが、父親についてはまだ書いたものをしらない。

小角の母の墓所については亮永『葛城峯中記』（元禄十三年、一七〇〇）に「十二　高山寺（高仙寺）

宝杵山役行者持給三古有。御母墓在也。如法尾。如法経。行者住所也」。また「六十四　転法輪岳紀州下蔵。是ヨリ弐丁バカリ坂、右東ノ山エ上ル。行者御母公墓アリ」とあるので、二ヶ所になる。あるいはまた、『紀伊続風土記』巻九（天保十年、一八三九）直川村に、「墓の谷　村の東北一里余山の谷にあり。修験者の行所なり。古き五輪の苔むしたるあり。役小角の母の墓なりと云う」とある。井関峠の東南約一・五キロ。また『泉州志』巻六にも、孝子の多輪に般若塔役行者悲母の墓所なりという記録[5]がある。孝子の多輪は、和歌山市と大阪府泉南郡岬町深日を結ぶ国道が通る孝子峠の辺りかと思われている。

『葛嶺雑記』（嘉永三年一八五〇）にも、「宝長山高仙寺上孝子村にあり。本尊十一面、神変大士役行者御母公の墓右四点をもって三の宿とす」。「伊都郡境原小峰寺に役行者の御母公の墓として十三重切立塔あり、このあたりふくらん樹の枝ところどころにあり」とも書いてある。

小角の母は、和泉葛城山系の山中で亡くなられたのであろうか。

三　道昭法師、新羅で役小角と会う

大宝元年六月七日未明、役行者は母を鉄鉢に乗せたまま箕面の天上ヶ岳から昇天なされてゆかれた。あるいは、九州肥前平戸を出て、唐の国に渡ったとも伝えられている。

ところが、遣唐使の船で唐の国に渡った道昭が、朝鮮の新羅で小角に出会ったという。景戒の『日本霊異記』には、つぎのように書いてある。

「わが国の道昭法師が、天皇の命令を受けて大唐の国へいった。法師は五百の虎の請いを受けて、新羅の国に行き、法華経の講義をしていた。その時、虎衆の中に一人の男がいて日本語を話した。道昭法師が、尋ねると役の優婆塞であると答えた。法師は日本国の聖人であると思い、高座から降りて捜したがすでにいなかった」

役行者が新羅の国で、虎を前に説教する道昭と会う奇妙な話である。

まず道昭法師についてふれておこう。白雉四年（六五三）夏五月、大唐に第二回遣唐使の大使吉士長丹の船に学問僧として道昭らが派遣せられた。道昭は二十五歳であった。

彼は河内の国丹比郡の人、俗姓は船連である。唐に渡って、名高い玄奘《げんじょう》三蔵法師（六〇〇～六六四）

を師として法相宗を学んだ。彼から愛され、帰国にさいしては、所持なされていた舎利や経本をあたえられた。唐にいた期間は九年間で、斉明天皇七年（六六一）五月に津守連吉祥の船に便乗して帰国したと考えられている。(4) 帰国後は、元興寺に禅院をたてて住んでいたが、諸国を巡行して説教をしたり、井戸を掘り橋をかけるなど人々の福祉にも大変力を尽くされた。

文武天皇四年（七〇〇）三月に七十二歳で亡くなった。遺言して大和の粟原（奈良県桜井市）で、日本で初めて火葬にされた。道昭にたいする評判は、きわめて高かったので、葬儀には朝廷から弔使が遣わされている。

さて、道昭が小角に外国で出会う機会としては、かれが遣唐使の学生として入唐している九ヶ年のうちしか考えられない。すなわち白雉四年（六五三）夏五月から斉明天皇七年（六六一）五月までの九年間の唐にいた期間中である。しかし、小角は、まだ二十歳から三十歳まえの修行中であったから、海外渡航ということはとても考えられないことである。

役行者は、文武天皇三年（六九九）五月に伊豆大島に流された。帰国したのは大宝元年（七〇一）である。しかし、道昭は小角が伊豆配流中の文武天皇四年（七〇〇）の三月十日には亡くなった。したがって、二人は出会う機会はまったくなかった。

『日本霊異記』と同じ内容の話が、『私聚百因縁集』や虎関の『元亨釈書』などにもある。虎関は、この話は年代が合わないから疑わしいという。『扶桑略記』では、虎ではなく五百人の聖人賢者に変わっている。ところが『木葉衣』の著者行智は、これは戸という字の古字が虎の字に似ているので、五百戸を五百虎と読み誤ったのであって、虎関が古書を読むのに不注意であったからだという。行智は、道昭が学問僧として入唐したのは事実で、小角には無限の験力があったから、在世中に新羅に行ったことは確かなことである。彼は、愚か者がかってに嘘であると疑うのだという。

この話は景戒がつくりだしたものか、それとも世間に伝わる話であったのか。

この話は、小角の呪術も『法華経』すなわち仏教にはおよばないという仏教の偉大さを示すために創作されたので、明らかに景戒の作為であるという[5]。おそらく、景戒が遣唐使に随行した道昭と、入唐したという小角の話をヒントにして創作したのであろう。それにしても、道昭が派遣されたのは白雉四年（六五三）、彼は斎明天皇七年（六六一）に帰朝しているから約四〇年も前のことになる。

第十二章

役行者の原像から神変大菩薩まで

高賀茂役君か役君小角か

葛木に住む山伏役小角

役行者の跡を継ぐものたち

一　役行者の原像を想う

役行者の伝記の根幹となるのは、『続日本紀』と『日本霊異記』の二本の柱である。前者は正史の記録であり、後者は仏教説話集である。役行者の伝記の主な事柄とされる奇異な話の多くは、後者から伝えられているが、これには真実であるという保証がない。

役行者の「孔雀の呪」も葛城の「一言主神との抗争」も、また入唐してから「新羅で道昭と会う」話も、前者にはない。役行者の伝記を飾り立てた『日本霊異記』の著者景戒は、その後の伝記の役行者の人物評を高めたと考えられるが、一部の疑問をいだかせ、信頼を低めた点もあるように思われる。

したがって、役行者の原像は、『続日本紀』の選者が記述した当時に立って、確実に読みとることによって現れてくると思われる。

この『続日本紀』が、書きはじめられたのは光仁天皇の時代で、役行者の事は、第一巻にあるから、早く手をつけられているが、約八十年余も後のことである。つぎに『続日本紀』文武天皇三年五月二十四日の原文をあげる。

丁丑役君小角流伊豆島。初小角住葛木山。以呪術称。外従五位下韓国連広足師焉。後害其能。讒以妖惑。世相伝云。小角能役使鬼神。汲水採薪。若不用命。即以呪縛之。

役行者の氏姓名は、役君小角とあるだけである。これをさらに三、四〇年遅れて『日本霊異記』になる。これには、賀茂朝臣あるいは今の高賀茂朝臣なりと、賀茂氏としている。しかし、役行者は単に「役君」であって、河内の「役首《えのおびと》」や他の「役直《えのあたい》」と同じように、使役の用をしていたのである。

もしも、賀茂氏であれば、選者は当然「鴨君」、あるいは「賀茂君」と記録したはずである。それは、現実に、第一巻文武天皇四年十一月二十八日に、「大倭国《やまと》 葛上郡《かつらぎの》鴨君《かも》粳売《ぬかめ》、一たびに二男、一女を産みつ。絁《あしぎぬ》四匹、綿四屯、布八端、稲四百束、乳母一人を賜ふ」（『続日本紀』）とある。鴨君としてあるが、同じ選者の第一巻にある。この鴨君は、後の『新制姓氏録』にある賀茂朝臣の係累である。さらにまた、賀茂役君の氏姓も賀茂出身者にかぎられてはいない。さきに、賀茂役君の姓を百六十人に与えられたことをあげたが、土佐国土佐郡の人、神依田公名代等四一人にも、賀茂姓をあたえていること（『続日本紀』）など、必ずしも賀茂氏は葛城の賀茂出身とはかぎられてはいない。

したがって、それぞれ、鴨君、賀茂役君、または賀茂朝臣と記してあるから、選者が執筆の時点ではやはり記録の通り、単に「役君小角」と呼ばれていたと考えられる。後の『日本霊異記』

から賀茂氏と称されるようになって、そのために、賀茂氏の使役とか、賀茂社の神職であったなど連想するのだろう。河内の役首や役直などと同様に、やはり、賀茂郷の使役の民の長であったのだろう。

つぎに、葛木山は今の葛城山のみではない。これも紛らわしい呼称で、今の葛城山に直結されやすい。御所の茅原から修行にのぼるとなると、はたしてどの山に登るのだろうか。この葛木山とは、葛城・金剛の両山系をさしているのであろう。後に行者道と呼ばれる道もあり、また、修行の事跡などからは、金剛山が主体であるとも考えられる。当時の山中の樹林の状態なども、あわせて考えてみるべきである。

さて、韓国連広足が師とした小角の呪術というのは、どんな験を現す術だろう。広足は神亀五年（七二八）に呪禁《じゅごん》であった(1)。典薬寮の職員であって、呪禁師とは、まじないをして物の怪をはらい、また病気の治療をしたもので、呪師ともいわれた（医疾令第二四）。しかし、これは適当な人物が得られなかったともいわれている。おそらく役行者の呪術には、まじないや病気の治療なども含まれていたにちがいない。

なお、『古記』（養老令の解釈書『令集解』所引）には、「道術符禁、道士法を謂ふなり。今辛（韓）国連是を行ふ」とあるから、少なくとも広足は、まじないなど道術に優れた呪術者であったと考えられる。しかしこの記録をもって、役行者自身も道術を行ったと推定してよいか判断に迷う。広足が小角の門人となっていたのは、三〇余年も前のことである。広足には、典薬寮に務めてからも、道術を習得する機会は、十分にあったと考えられる。

流配事件の当時、役行者は呪いなどに験がいちじるしい、一介の霊能者のような存在にすぎなかったのではなかろうか。はっきりしている呪術は、鬼神を呪縛とあるが、当時の民衆がたよっていた呪術の内容は、さまざまであっただろう。「役行者の孔雀の呪」とは景戒の指摘であり、真実か創作か判らない。いずれにせよ、優れた呪術者であったと思われる。

役行者を歴史上の実在人物として考えてみたい。おそらく、役君小角は今の御所市茅原付近に住んでいた役民の長か、彼らを管理する職能にあった人物で、母の名は刀良売と呼ばれていたと考える。彼は生まれつき霊能力をもって、里人から慕われていたが、さらに葛木山にこもって修行をし、世間からは呪術者として非常に信頼を受けていた。後に、外従五位下となった韓国連広足は、若い青年時代に小角に師事した。しかし、小角は、後に公布された律令の妖惑の罪に当る行動があったと、密告されたので、伊豆の島に流される刑を受けた。

その後になっても、役君小角という人は鬼神を使い、水汲みや薪採りをさせ、もしも命令をきかないときには呪縛したと、長く世間に伝えられていた。

役行者は、土俗の巫人のような人物で、雑密《ぞうみつ》（純密《じゅんみつ》にたいし、雑然とした未だ整備されていない密教）につかれた山林修行者の草分けであり、各地の霊気がある山を捜して開いたと、伝えられている民間の一呪術者であった。空海以前の葛木山は、土俗的な山林修行者が開いた山である。役行者や行基・道鏡にしても、世間で名をはせるまでは、山中の一介の修行者にすぎなかった。『役行者顚末秘蔵記』の著者が、文中でいみじくも官人に託して語らせているように、「行者はそしられてきたので、返って日本でその声価があげることができた」、すなわち『続日本紀』に記録されたために、有名になったと考えることもできる。

二　その後の韓国連広足の栄達と山林修行者たち

役行者の生涯には、その背後で多くの人物が陰に陽に躍った。時には味方し、あるいは機を見るに賢い策動家たちもいた。その後の消息はどうであろうか。

広足が小角に師事したのは青年時代で、おそらくまだ役人になっていなかったかもしれない。その後試験に合格して呪禁生に採用されたか、あるいはうまく伝《つて》を得て、典薬寮の役人にもぐりこんだにちがいない。小角の姿が消え、持統太上天皇もなくなり、文武天皇もわずか二十五歳の若さで世を去って、藤原不比等の専横ともいえるような時代になる。

小角の姿が消えた後、山林に住んで修行する優婆塞や、村々を廻って説教をする僧が、あちらの山こちらの村にと、しだいに増えてきた。小角が蒔いた種が、ようやく芽を出しはじめていた。しかし朝廷では、養老元年（七一七）に、勝手に髪を切り、道服を着て歩く私度僧を禁止した。また、みだりに罪福を説いて大勢で党を構えることや、農民を妖惑してはいけないと警告した。これら私度僧の行動は、もともと、小角や反体制的な行基からはじまったものであるが、やはり時代の流れでもあった。多くの男女が行基を慕い、時には千人ちかい民衆がぞろぞろと後について歩いた。かれの活動はかなり刺激的で、朝廷側からは人々を扇動しているようにみえた。ついに、翌年の養老二年（七一八）冬十月には、「意《こころ》にまかせて山にいり、庵を結ぶようなことがあれば、遠慮なく禁喩《きんゆ》を加える」ことになった。しかし、人の心にともった信仰の灯は、一片の指令や法律で消されるものではない。

天平元年（七二九）二月に大事件がおきた。左大臣正二位の長屋王が、密かに左道すなわち不正道の妖術を修得して、その験力によって天皇を倒そうとしていると密告された。ただちに、朝廷の兵士たちによって長屋王の邸宅は包囲された。不意の急襲におどろいた長屋王は、哀れにもついに家族とともに自殺して果てた。この密告者は誰か、かれを背後で操っていた人物がいたのだろうか。広足はこの事変の前年に呪禁《じゅごん》になっている。

この事件の経過を推してみると、小角が密告され妖惑の罪で流配になったことと、同じ経過をたどっている。小角を密かに訴えたのは若い青年広足であった。広足はその後、首尾よく典薬寮に仕官しているが、その時の権力者は藤原不比等であった。

三〇余年後、不比等の長男武智麻呂は正三位大納言に任ぜられた時、その閣僚ともいえる人物の中に、正六位上韓国連広足がいる。彼は神亀五年（七二八）には、余仁軍と共に呪禁である。広足は稀にみる逸材であった。彼の異例ともいえる昇任の裏には、何か疑惑が感じられ、時の経過はこれを裏書しているように思われる。当時は陰湿な密告が跡を絶たなかった。後に、ふとした機会に犯人が、真相を自ら口走って暴露するが、彼をそそのかしたのは誰であったか。真実、長屋王は無実であった。

天平元年（七二九）夏四月に勅令が発布された。異端のことを学び、幻術を身につけ、種々のまじない呪いによって、生命をそこない、傷つける者は、刑に処すこと、もし山林にかくれ住んで仏法を修行すると偽り、自ら人を導き業を教え伝え、呪符を書いて封印し、薬を調合し毒を作るなど、様々な奇怪なことをする者は罰すること。また、妖術妖言の書物をもつ者が、五十日以内に自首しないで、後に判ると流罪にするというのである。

広足は、武智麻呂によって取り立てられ、天平三年（七三一）には外《げ》従五位下に昇任した。外位制は五位が最高で、五位になると貴族の仲間入りをする。さらに、天平四年（七三二）十月には、初代の典薬頭《てんやくのかみ》に任命された。この職は適当な人材が得られず、彼の出世コースのゴールであった。天平十年（七三八）まで六年間その職にいた。

彼が文武天皇のころに二十歳代とすれば、典薬頭の職を去ったのは六十歳代になる。彼よりも年長で、上位であった医師の正五位下吉田《きった》連宜《よろし》は、次の典薬頭[2]になる。呪禁の広足が、吉田連よりも先に典薬頭になったのも、彼は文人派の吉田連よりも政治性があり、大納言の武智麻呂に近かったのであろうか。

彼は小角を密告後、三〇余年の間に昇任して、初代の典薬頭になった有能な官吏で、政治性も兼ね備えていた。その後、東大寺を造営する際のことである。彼の邸が寺域の一部に入ったために造営に反対し、寺の僧侶たちと対立した。結局、敗北してやむなく失脚したという。彼は、かなり利己的で、権力意識の強い人物であったに違いない。

小角が消えてから後も、葛木・吉野の山系を駈ける山林修行者が、跡を絶たなかった。ついに天平宝字二年（七五八）、「天下諸国の山林に隠れ、清行逸す十年以上、皆得度させる」との勅令が下って、多くの修行者が正式の僧になった。政府が山林修行者に対する対応を改め、天平勝宝七年（七五五）には、山林中に山沙弥所すなわち修行所も設けられた。

古代の仏道修行においては、即身即仏という仏教観から必然的に「白月に山に入り、黒月に寺に帰る」山林修行を行うようになっていた。小角がはじめた修法は、しだいに神仏習合して、「修験道」と呼ばれる修行の道へ発展したのである。

ところで、いつのまにか広足は役行者の仇敵とされて、後には代わりに、一言主神が悪者扱いをされつづけてきた。まったく真実と言い切れるだろうか。今一度、『続日本紀』を読み直してみよう。

「丁丑（二十四日）、役君小角伊豆島に流さる。初め小角葛木山に住みて、呪術を以《もち》て称《ほめ》らる。外従五位下韓国連広足が師なりき。後にその能を害《そこない》て、讒《しこ》づるに妖惑を以てせり。故《かれ》、遠《なが》き処に配さる」。この解説(3)では、「小角の才能が悪い方に発揮されて、だれかが、小角は百姓を妖惑したと讒言した」とある。ここでは、小角が外従五位下韓国連広足ほどの人物に教えた優れた呪術者であることを、強調する引き合いに広足をだしているのか、かれは讒言者ではなかったと理解することもできる。そうなれば、役行者を謗ったのは、要するに当時の民衆であり、世間であったともみなされる。

あるいは、『続日本紀』の著者の意向は、役優婆塞が伊豆流配に処せられたのは事実であったが、明らかに讒言されたので、役行者は罪を犯していない無罪とみているのである。したがって、嘘偽りで小角を陥れた人物こそ非難されるべきで、彼を優れた呪術者として温かい目でみているように感じられる。讒言した告発者韓国連広足の名をあげて、真相を述べているようにも受け取れる。小角が真の練達の呪術者で、六七歳の高齢に達していたならば、青二才の青年広足とは、ことさら紛争の種も生じなかったであろう。

通説に反するようであるが、役行者の活躍時期についても異論がでてくる。役行者の生年は舒明天皇六年（あるいは三年）が通説のようで、この説に基づいて多くの伝記も構成されている。ここでも、それにしたがったのであるが、これを真実と証明するものはない。

もし、役行者が『大峯縁起』や『役行者顚末秘蔵記』と同じく、天智天皇三年に誕生したとするると、役行者の行動や背後関係についても、新たな別の推理をすることもでき、多くの謎をよぶかもしれない。あるいは、より納得のできる見解がうまれる可能性もある。

彼は三十七歳で伊豆から帰国し、それから反体制側の道を歩んだ。しかも、各地の山林修行に終始して、呪術者として信頼を高めていった。その間、各地の山岳を廻って、多くの山林修行者あるいは産鉄遊行集団を組織して、活躍した。そのために、地域の人々の間に、役君小角としての評判が深く浸透して、長く後生に伝えられてきたのではなかろうか。

三　役行者と現実の山伏たち―神変大菩薩へ

役行者伝の深い森を探ってきた。伝説の森を通過して、やはり役行者は、『続日本紀』の記録にあるように、葛木山ふもと一帯において、呪術者としての評価が高かったことは、真実であろうと思う。

役行者は一般には仏教徒とされているが、彼自身には、仏教信仰との関係はない(4)。厳密には、小角の開いた修験道は仏教とも神道ともいえない。修験道には、道教の影響が強いことは、早くから指摘されている。修験道は密教および道教を日本化したもので、その創立者は役小角であるという。しかし、役行者は正式には、仏教も道教もおそらく学んでいなかった。しかし、民間道教・道教的な呪術などは、ある程度は伝わっていたから修得していたかもしれない。そこで、彼と韓国連広足は道士(5)であったという。

役行者が歩んだ道を今は山伏が行く。山伏が進む道は修験道である。修験道とは、言葉でいいあらわすことができない実践の道であるが、その大意を先覚の記録によって示しておく。

即伝《そくでん》撰と推定される『修験修要秘決集』は、大永年間(一五二一～一五二八)の編集で、元禄四年(一六九一)出版である。修験の要旨をつぎにしめす。

それ修験の宗旨とは無相三密《むそうさんみつ》の法義、十界一如《じっかいいちにょ》の妙理なり。彼の状相を訪《と》えば、両部本具の直体なり。この勝理を尋ぬれば、即身頓悟《とんご》の内証なり。その体は虚空に遍くして色量あるにあらず、その智は法界に満ちて辺際を知り難し。実に是れ仏祖不伝の真理、以心伝心の当頭にして、意の識《し》る所にあらず、言《ごん》の言う所にあらざるなり。

これは、『修験三十三通記』とほぼ同文であって、当山派の教義書『修験秘記略解』には、修験道大意としてあげられている。

また、本山派の『修験学則』は、積善院《しゃくぜんいん》僧牛が寛政十一年(一七九九)にあらわしたが、修験道の宗意は、つぎのごとく要約されている。

修験ノ宗意ヲ考ルニ、道俗智愚ヲ択バズ、初メヨリ勇猛ノ菩提心ヲ発シ、金峰葛木ノ霊窟ニ入リ採菓汲水ノ行ヲナシ、十界ノ修行、正灌頂等ノ秘法ヲ受ケ、無相三密ノ観ヲ伝へ、十界一如ノ義ヲ稟承シテ、直ニ本有常恒ノ曼荼ヲ開覚スルヲ本懐要期トス已上ハ自行門ナリ亦他人ヲモ教化シテ、悪ヲ息メ善ヲ作シ、菩提心ヲ発サシメテ、上ノ如キ行ヲ修行セシム此ハ化他門ナリ蓋シ其ノ宗意タダ山林ニ居シテ苦修練行スルニ在リ

これらの修験道の要旨は、本質的には同じである。

山岳修行し山頂にたって、大宇宙の心に参入することが山伏の悟りであり、その体験は言葉や文字ではいいつくすことはできない。それは、山岳修行によって得た験力によってのみ、観ることができるという。山伏の修験道は、他の宗派のように山伏宗とはいわない。大和言葉では〈野間峯止ヤマブシ〉と書かれる。野に山に留まって修行をするのである。

山伏という二つの文字は、つぎのように解釈されている。仏教には三身説がある。法身とは、釈迦の説いた真理そのもので、優婆塞の形の山伏を法身形といい、髭も髪もそのままである。応身とは、民衆の願いに応じて釈迦が顕した如来であり、比丘形の山伏を応身形といい、出家と同様に剃髪している。理想の身体といえるのが報身で、頭髪をいくぶん摘んだ山伏で、悟りを開い

て民衆を救う教化のはたらきをする。
山という字は、法身を中にして左右に報身と応身とが並び、一の字でつないだ三身一体の形である。伏の字は人偏に犬と書く。人は法性、犬は無明で合わせば伏となる。山伏の二字には、これらの意味が含まれていると説かれている。人はみな同じ法性と無明を持つ身である。

小角が単独で行脚したのは、おそらく畿内とその周辺であろう。役行者小角自身が、全国を巡錫したように修験者たちによって語られる。こうして、小角の流を受け継いだ二世三世と、次々の役行者からうまれた伝承、説話などがもりこまれてくる。こうして、学識の高い仏教僧や修験僧によって、行者伝が著されている。伝記の内容には、彼ら自身の願望も込められ、役行者の事跡は神聖視されて、いくつもの役行者伝が世にでたわけである。

役行者が、こうして修験道の開祖として仰がれてくると、その尊像がまつられるようになる。役小角尊像の様式として、長い顎髭の神仙の風貌が多くみられてくる。また、山岳信仰の寺院の本堂や行者堂には、役行者が従者の前鬼後鬼とともにまつられている。鬼たちは、常に本尊の役行者の左右にひかえている。
役行者像は、八世紀の神仙の影響を受けていると考えられ、金峯山上に御影供《みえく》が修せられたのは康和五年（一一〇三）で、その頃すでに、役行者像の原形ができあがっており、この像容は、比較的早い時期に成立していた(6)と思われている。

鎌倉時代の末期、延元二年（一三三七）の『金峰山秘密伝』には、像についての記載がある。役行者本地供次第、法則等別行作法之を用いるとある。これには、道場観として、

「心中𑖀字有り、変じて錫杖に成る。錫杖変じて役優婆塞に成る。すなわち苦行相を現す。頂に帽子を戴き、藤皮納衣の袈裟を着る。すなわち右手に六輪錫杖を持ち、左は百八の念珠を執る。大峰の金窟に住み、秘密行を修む。すなわち四海鎮護し、百王を護持する」

役行者像（滋賀県石馬寺）

と、役行者像について具体的な解説がある。

この形式に全く一致して、重文、鎌倉時代の古作とされているのが、石馬寺（滋賀県神崎郡五個荘町大字石馬寺）の役行者像で、右手に錫杖、左手に念珠をもっている。錫杖は一般に六輪である。山岳修行が盛んになるにつれて、右手に錫杖をもつ形式の像が見

られるようになり、この形式は、後にしだいに多くなっている。また、役行者の姿や各装具については、それぞれ意義付けがなされている。一般に、役行者像は錫杖・鈷杵あるいは経巻を握り、頭布をかむり、口を閉じた吽形の顎髭の翁型が多いが、また口を開いた阿形の像も見られる。役行者は、顔には顎髭をはやした仙人の姿をしている像が多いように思う。

つぎに、一般的な役行者の脇侍としての前鬼と後鬼の御姿についてのべてみよう。行者が山中など抖藪する時に、前を行くのが前鬼であり、後にしたがうのが後鬼である。それ故に、前鬼は道を拓くため、藪を払い木を切るための斧を提げている。後鬼は、手に水瓶をもち、背に種子を入れた笈を負って、行者の後に従って行くのである。

前鬼は、しっかりと口をむすんで吽形で、髪の毛は立ち上がって焔髪形である。後鬼は口をひらいて阿形、髪の毛はなぜつけたようにしている被髪形である。すなわち前鬼後鬼は、仁王像と同じように阿・吽の形をしている。一般に、前鬼は陽をあらわす赤鬼であり、後鬼は陰を示す青鬼になっている。

修験道が発展するにつれて、日本の各地の山岳に修行する山伏たちが、次第に多くなって、役行者小角は、その開祖とされた。

寛政十一年（一七九九）正月に、聖護院門跡盈仁法親王《えいにんほう》は、役行者一千百年の遠忌に相当する旨を上奏された。時の光格天皇は、烏丸大納言を勅使として聖護院に派遣せられ、役行者の偉大な業

績を賞賛され、神変大菩薩《じんぺんだいぼさつ》の称号を贈られた。(7)

勅　優婆塞役公小角　海嶽抖渉之巧　古今辛苦之行　前超古人　後絶来者　若夫妙法明教之施四海也　非以神足遷脚之遍五方乎　是以千年之久声香愈遠　衆生之仰瓜瓞益盛　天女霊夢不空　神龍嘉瑞爰応　因示特寵　以贈徴号　宣称神変大菩薩。

寛政十一年正月二十五日

役行者は、大菩薩になられた。空海は弘法大師、最澄は伝教大師に、また大峯中興の祖とされる聖宝は理源大師になられた。役行者のように、大菩薩の贈名はまことに例が少ない。朝廷では小角をやはり仏教徒とみなしていた。

こんな話がある。追号の事を聞いた幕末の三奇人の一人蒲生君平《がもうくんぺい》は、歴代の天皇のうちには、御陵も無く諡《し》号も贈られていないことが多い。それにもかかわらず、「小角の様な異端の徒に、追号を賜るとは何事か」と憤慨し、泣きながら堂の縁から転げ落ちた。怪しまない人はいなかったという。かれが『山陵誌』の発刊について相談した本居宣長も、小角を称して「身分の卑しき者」とそしった。後の文政六年（一八二三）、仁孝天皇は、出羽三山を開山した能除太子に、照見大菩薩の追号を授けた。

現在、日本全国にある修験道は、大きく本山修験道宗・真言宗醍醐派・金峯山修験本宗・羽黒山修験本宗、またそれぞれ真言宗・天台宗・神社本庁などに所属する各派があり、各地における山岳信仰は、今も盛んである。

役行者の風貌は、想えばいろいろと幻のように浮かんでくるが、原像を文字にすることは至難のようである。役行者の実像は、大峯で修行を重ねた修験道の先達行者でなければ、見極めることができないのかもしれない。

南無役行者神変大菩薩・南無役行者神変大菩薩。

オン　ギャクギャク　エンノウバソク　アランギャ　ソワカ　（神変大菩薩真言）

註

第一章　役行者、出自と名の謎

（1）角田文衛『日本の女性名（上）』教育社　一九八〇年

（2）五来重編『修験道資料集』西日本編、四七七、八二二頁、名著出版　昭和五九年　『鎮西彦山縁起』元亀三年（一五七五）となっている。これ以前に旧本があったらしい。

（3）佐藤虎雄「役小角伝」『天理大学報』、二一、昭和三一年

（4）和歌森太郎『修験道史の研究』二五、三一頁　平凡社　一九七二年

（5）五来重『山の宗教—修験道』一三六頁　淡交社　昭和四五年　五来重補注『木葉衣・踏雲録事』四八頁注一　東洋文庫　平凡社　昭和五〇年

（6）真弓常忠『古代の祭祀と鉄』二二七頁　学生社　昭和五六年

（7）鳥越憲三郎『神々と天皇の間』一二五頁　朝日新聞社　昭和四五年

（8）菊池俊哉「役小角の訓み方」『歴史読本』昭和六〇年九月号。訓み方について、「おづぬ」と「おづの」について問題をだされている。「役の行者」（奈良絵巻個人蔵）には、その名を「こすみ」というとあった。

（9）五来重補注『木葉衣・踏雲録事』四九頁　東洋文庫　平凡社　昭和五〇年

（10）役行者の誕生年月日

舒明天皇六年正月一日生	『役行者本記』	西暦一五二〇年頃？
舒明天皇聖徳三年十月二十八日生	『修験修要秘決集打部』	一五二一〜七
舒明天皇三年生	『修験心鑑鈔』	一六七二
舒明天皇六年正月一日生	『役君形生記』	一六八四
継体天皇三年生	『熊野修験指南鈔』	一六九三
天智天皇白鳳四季甲子生	『役行者顛末秘蔵記』	一六九三？
舒明天皇聖徳三年四月八日生	『修練秘要義巻六』	一七二〇
舒明天皇六年正月一日生	『役行者霊験記』	一七二一
舒明天皇三年十月二十八日生	『当山門源起』	一七四一
舒明皇帝六年甲午冬十月二十八日生	『徴業録』	一七七〇
舒明天皇第六の暦	『高祖五段講式』	
天武天皇白鳳三年十二月二十八日	『秘蔵記』註とあるのは、「『修験秘記』曰く、	

白鳳三年十二月二十八日生」とあるのに、行智が天武天皇とした。行智『踏雲録事』参照）

(11) 宮城信雅『山岳宗教の開祖役行者』七頁　修験社　昭和十七年

第二章　神童小角の謎

(1) 佐久間竜『日本古代僧伝の研究』三五〜四七頁　吉川弘文館　昭和五八年
(2) 鎌田茂雄『山岳信仰』一五七頁　集英社　一九八七年
(3) 行昭撰「峯中修行記」『修験道章疏』(二)、六二一頁　昭和六〇年
(4) 松本善助編『大峰山役行者御一代利生記』明治三十年

（5）宗田一『日本製薬技術史の研究』二一頁　薬事日報社　一九六五年、中島陽一郎「藤原鎌足・山上憶良」『薬の知識』四一巻一号　一八頁　一九九〇年による。

第三章　葛木籠山の謎

（1）松本善助編兼発行『役行者御一代利生記』明治三〇年
（2）西郷信綱「役行者考―古代における亡命のこと―」『神話と国家』七～六二頁　平凡社　昭和五二年
（3）五来重「修験道の修行と原始回帰思想」講座『日本思想』一、「自然」六八頁　東京大学出版会　一九八三年
（4）金剛山総合文化調査委員会『金剛山記』一九九～二二九頁　史跡金剛山奉賛会　昭和六三年

第四章　役行者の呪術の謎

（1）沢史生『鬼の日本史「下」』三七三頁　彩流社　一九九〇年
（2）『南方熊楠全集』八巻　三〇九～三一〇、三一九～三二〇頁　平凡社　昭和四七年
（3）和歌森太郎『日本史の虚像と実像』一三〇頁　毎日新聞社　昭和四七年、『修験道史研究』三八六頁　平凡社　一九七二年
（4）岩本　裕『密教経典』仏教聖典　七巻　読売新聞社　昭和五〇年
大金色孔雀王呪経（大金色孔雀王経）前秦　西暦三五〇～四三一年
孔雀王呪経　鳩摩羅什訳　四〇二～四一二
右同　（孔雀明王陀羅尼経）二巻　伽婆羅訳　五〇六～五二〇

大孔雀呪王経　三巻　　義浄訳　七〇五
仏母大孔雀明王経（仏母大金曜孔雀明王経、「大」孔雀明王経、孔雀経）
　不空訳　七四六〜七七四
（5）正倉院文書の「写経清本帳」の天平九年三月三十一日の部に孔雀明王呪二巻がある。
（6）横田健一『白鳳天平の世界』二六二頁　創元社　昭和四八年
（7）宮城信雅『山岳宗教の開祖役行者』一九頁　修験社　昭和三年
（8）高谷重夫『雨乞習俗の研究』二一頁　法政大学　出版局　一九八九年
（9）五来　重注『木葉衣・踏雲録事』注　七一頁　平凡社　昭和五〇年
（10）村上俊雄『修験道の発達』四四頁　名著出版　昭和五三年
（11）堀　一郎『日本のシャーマニズム』八二、八三頁　講談社　昭和四六年
（12）大和岩雄「天武天皇」『歴史読本』三三巻二四号　一二二頁　昭和六三年
（13）吉田靖雄『行基と律令国家』六一頁　吉川弘文館　昭和六二年
（14）佐々木宏幹『憑霊とシャーマン』一七七〜一八二頁　東大出版会　昭和五八年
青木　保『タイの僧院にて』中央公論社　昭和五一年

第五章　役行者、前世の謎

（1）巽　良海『修験道の歴史的考察』四四〜四五頁　奈良県吉野町桜本坊　昭和五〇年
（2）五来重編『修験道史料集』西日本篇　一二七、一三一、二七五頁　名著出版　昭和六〇年

第六章　金剛蔵王権現の謎

(1) 松長・高木・和多『密教の神話と伝説』二六〇、二六一頁　大阪書籍　一九八四年
(2) 佐和隆研「山岳美術の特質」和歌森太郎編『山岳宗教の成立と展開』二六五〜二六八頁　名著出版　昭和五〇年
(3) 小角が感得した像の出現の順

地蔵菩薩—蔵王菩薩	『今昔物語』	一〇〇四〜一〇七七年
釈迦—蔵王	『百因縁集』	一二五七年
釈迦—弥勤—蔵王権現	『沙石集』	一二七九年
釈迦—千手観音—弥勒—蔵王権現	『金峯山秘密伝』	一三三七年
地蔵菩薩—蔵王権現	『大平記』	一三六八年
地蔵菩薩—金剛蔵王	『塵添埃囊鈔』	一四四六年
蔵王	『役行者本記』	一五〇一〜八〇?年
弥勤—千手観音—釈迦—金剛蔵王	『形生記』	一六八四年
釈迦—弥勤—蔵王権現	『本朝諸社一覧』	一六八五年
弁才天—地蔵菩薩—蔵王権現	『峰中秘伝』	一六九四年
弁天—地蔵—金剛蔵王	『役公徴業録』	一七七〇年

(4) 和歌森太郎『山岳宗教の成立と展開』四〇・四一頁　名著出版　昭和五〇年
(5) 慈元「金峰山秘密伝」『修験道章疏』一、八五・八六頁　名著出版　昭和六〇年
(6) 佐藤虎雄「金剛蔵王考」『天理大学報』二一号　二九・三〇頁　昭和三一年

（7）佐和隆研『日本密教その展開と美術』一六七頁　日本放送出版　昭和四一年
（8）佐和隆研『随論密教美術』一一一頁　美術出版　昭和五二年
（9）五大力吼菩薩（『仁王経』、下）と蔵王権現像の比較。
（10）C・ブラッカー著　秋山さと子訳『あずさ弓―日本におけるシャーマン的行為―』一七〇頁　岩波現代選書　一九七九年
（11）堀　一郎『日本のシャーマニズム』一〇六～一〇八頁　講談社　昭和四六年
（12）高井・鳥越・頼富編『密教の流伝』一一九～一四五頁　人文書院　一九八四年
（13）前田常作・真鍋俊照「インド・チベット美術の旅」『インド・西チベット・ネパールの旅』八七頁　六興出版　昭和五五年
（14）佐藤　健『マンダラ探検―チベット仏教踏査』五九、六〇頁　中公文庫　一九八八年
（15）久保田展弘「役行者」『宗教者の原点』新人物往来社　一九九五年
（16）菅谷文則「山岳信仰の根源」大林太良編『山人の生業』三二一～三六六頁　中央公論社　昭和六二年

第七章　熊野修行の謎

（1）近藤精一郎『白鳳の女帝』創芸出版　一九八七年
（2）李寧熙『天武と持統』一八九～二四四頁　文芸春秋社　一九九〇年
（3）山本偦『持統女帝の謎』一六七頁　立風書房　一九八八年
（4）五来重編『吉野熊野信仰の研究』名著出版　昭和五〇年　史料編（原本新宮本願庵主蔵）
「文武元（六九七）丁酉大和国加茂姓小角詣熊野三山新宮川中深谷明神前従権現霊告在り庵主

止宿、得告前後三度密儀也」

（5）宮家準「熊野修験」下出・圭室編『講座神道』第二巻、「神道の展開」一四〇頁　桜風社　平成三年

（6）貴志正造訳『神道集』東洋文庫　平凡社　三頁　昭和四二年

（7）西田長男・三橋健『神々の原影』七六～七七頁　平河出版社　昭和五九年

（8）佐藤任『空海と錬金術』三六頁　東京書籍　一九九一年

（9）『大峯細見記』享和三年（一八〇三）天理図書館蔵

（10）畔田翠山『熊野物産初志』嘉永元年（一八四八）紀南文化財研究会　昭和五五年

（11）松井美幸「熊野三山とその信仰」五来重編『吉野・熊野信仰の研究』一七九～二四九頁　名著出版　昭和五〇年

（12）「熊野三所権現金峯山金剛蔵王垂跡縁起并大峯修行伝記」五来重編『修験道史料集、二』二一二～二一九、七六八～七七二頁　名著出版　昭和五九年

（13）「大峯秘所記並びに縁記」文明十八年、五来重編『修験道史料集二』一三三～一四〇頁　前出

第八章　韓国連広足の謎

（1）佐久間龍『日本古代僧伝の研究』吉川弘文館　昭和六〇年

（2）下出積興『日本古代の神祇と道教』二八四～五頁　吉川弘文館　昭和四七年

（3）『続日本紀』延暦九年（七九〇）十一月十日の条には先祖が三韓に使いした功績があったので物部姓を改めて韓国姓を賜わったとある。

（4）畑井弘『物部氏の伝承』二五五頁　吉川弘文館　昭和五二年

(5) 谷川健一『白鳥伝説』(上)二二九・二三〇頁　集英社文庫　昭和六三年
(6) 真弓常忠『古代の鉄と神々』学生社　昭和六〇年
(7) 佐藤任『空海と錬金術』東京書籍　一九九一年
(8) 景浦　勉「大島における山と海」『大山石槌と西国修験道』五二〇頁　名著出版　昭和五四年
(9) 原田常治『上代日本正史』三三頁　同志社　昭和五二年
小千(越智)家の系図、小千守興の長男伊予大領玉興の項(漢文)。

「職は前代の如く任ず祭を兼ねる。人皇四十二代文武天皇三年役小角配流の節に玉興ご不審を蒙り政所に召し被れども申し抜きが相立ち、帰国の節に備中国水島にて父守興の落胤越国の両弟玉男と玉澄に会いて本国に連れ帰る。後年玉澄に国を譲り家は当代より小千を改めて越智と書くなり、氏は河野と云う」
(10) 小泉　道『伊予の説話資料の研究』五八・五九頁　大朋堂　昭和五五年

第九章　一言主神の謎

(1) 役行者の讒言者の伝記による相違―年代順。
韓国連広足　『続日本紀』
一言主神　『日本霊異記』
一言主神・韓国連広足　『三宝絵詞』
一言主神　神帝官に託宣　『本朝神仙伝』
一言主ハ官臣ニ託宣　『扶桑略記』
一言主　『金峯山本縁起』

一言主　『源平盛衰記』
一言主、広足　『私聚百因縁集』
一言主、官人に託宣、　『元亨釈書』　その他、以降省略
(2) 津田左右吉『津田左右吉全集』九巻　三七三、三七四頁　岩波書店　昭和三九年
(3)『往生伝、法華験記』日本思想大系　四四七頁の補注　岩波書店　昭和五一年
(4) 村上俊雄『修験道の発達』増訂版　五二頁　名著出版　昭和五三年
(5) 志田惇一『日本霊異記とその社会』六八、七二頁　雄山閣　昭和六〇年
(6) 門脇禎二『葛城と古代国家』一六六頁　教育社　昭和五九年
(7) 真弓常忠『古代祭祀と鉄』学生社、二二七頁　昭和五六年
(8) 和歌森太郎『山伏』九三頁　中央公論社　昭和三九年
(9) 西郷信綱「役行者考」『神話と国家』平凡社選書　昭和五二年
(10) 久保田展弘『修験道・実践宗教の世界』九二頁　新潮社　昭和六三年

第十章　伊豆大島遠流の謎

(1) 五来重「近畿霊山と修験道」『近畿霊山と修験道』一四頁　名著出版　昭和五三年
(2) 村山修一『日本陰陽道史』一五九、一六三頁　大阪書籍　一九八七年
(3) 宮家準『大峯修験道の研究』二四～二九頁　佼成出版　昭和六三年
(4) 田辺三郎助『神仏習合と修験』図説日本の仏教六、二一〇頁　新潮社　平成元年
(5) 五来重『修験道入門』二三・三〇頁　角川書店　昭和五五年
(6) 文武天皇三年五月　『日本霊異記、三宝絵詞、役君形生記、徴業録』

持統天皇十一年、文武元年二月　大島に流さる。刑期三ケ年　『役行者本記』
文武天皇天長八年五月　伊豆大島　『役行者顚末秘蔵記』
藤原宮御宇天皇代白凰四十七年二月十日　『扶桑略記』
（7）宮家　準「五流修験の成立と展開」『大山・石槌と西国修験道』一四四〜一七六頁　名著出版
昭和五四年

第十一章　昇天か入唐か
（1）『行者本記』。なお、「方便応化の影は普く秋津の州の水に移る」（『役君形生記』）
また「方便応化の影は普く東海の波に浮く」（『修験修要秘決集』）
（2）中野幡能「彦山と九州の雷山」『大法輪』四四巻　八号　一五二〜七頁　昭和五三年
（3）文武天皇大宝元年辛丑正月一日　『扶桑略記』
文武天皇大宝元年辛丑正月　『百因縁集』
文武天皇大宝元年辛丑六月七日　『行者本記・講式』
文武天皇大宝元年辛丑六月七日　『修要秘決』
大宝辛丑三月七日　『修験心鑑鈔』巻上
大宝三年癸卯六月七日　『資道什物記』『形生記』
元正天皇養老七年癸丑　『役行者顚末秘蔵記』
持統天皇朱鳥十一年、これ大宝元年　『聖門御系譜』
持統天皇八年二月十日　『行者講式』
（4）田村圓澄『飛鳥・白鳳仏教論』一〇六〜一一二頁、雄山閣　昭和五〇年

（5）志田諄一『日本霊異記とその社会』六九頁　雄山閣　昭和五〇年

第十二章　役行者の原像から神変大菩薩まで

（1）横田健一郎『白鳳天平の世界』二四七頁　創元社　昭和四八年
（2）佐久間龍『日本古代僧伝の研究』二二六頁　吉川弘文館　昭和五八年
（3）『続日本紀』一　新日本古典文学大系　岩波書店　一九八九年
（4）和歌森太郎編『山岳宗教の成立と展開』三一頁　名著出版　昭和五〇年
（5）田村圓澄『飛鳥・白鳳仏教史』下、一四六頁　吉川弘文館　平成六年
（6）神山登「役行者ノ信仰とその尊像」『大阪市立博物館研究紀要』第十八冊　一九八六年
（7）宮城信雅『山岳宗教の開祖役行者』五二頁　修験社　昭和一七年、同氏謹訳。
「勅す。優婆塞役公小角は、海岳渡渉の巧、古今辛苦の行、前は古人を超え、後は来者を絶す。若しそれ妙法明教の四海に施すや、神足仙脚の五方に遍きを以ってに非ずや。是を以って、千年の久しく、声香いよいよ遠く、衆生の仰ぐ、瓜瓞益々盛なり。天女の霊夢空しからず、神龍嘉瑞ここに応ず。よって特寵を示し、以って徴号を贈る。宜しく神変大菩薩と称すべし。」
（8）『蒲生君平全集』四一九、五八九頁　明治四四年　三省堂書店

主な参考文献

役行者・人物

一、松本善助編兼発行『役行者御一代利生記』明治三〇年
二、坪内逍遙「役の行者」『逍遙選集』一　春陽堂　大正十五年、岩波文庫　一九五二年
三、牛窪弘善『文化史上に於ける役行者』修験社　昭和三年
四、大三輪信哉『神変大菩薩』興教書院　昭和一一年
五、宮城信雅『山岳宗教の開祖、役行者』修験社　昭和一七年
六、津田左右吉『津田左右吉全集』九巻　岩波書店　昭和三九年
七、佐藤虎雄「役小角伝」『天理大学報』二一、昭和三一年
八、原道生校訂「役行者大峰桜」『近松半二浄瑠璃集』［一］国書刊行会　昭和六二年
九、黒岩重吾「葛城の王者」『歴史読本』七月号　昭和四七年
一〇、行智『木葉衣・踏雲録事』平凡社　東洋文庫　一九七五年
一一、栗田勇「山の信仰と役行者」『熊野・高野・瞑府の旅』九～二三頁　新潮社　昭和五四年
一二、宮元啓一「役小角」『日本奇僧伝』東京書籍　昭和六〇年
一三、山折哲雄「役小角」『仏教説話大系』第三二巻　五〇～五一頁　すずき出版
一四、神山登「役行者の信仰とその尊像」『大阪市立博物館研究紀要』第一八冊一九八六年

一五、井上薫『行基』吉川弘文館　昭和三四年
一六、金達寿『行基の時代』朝日新聞社　昭和五七年
一七、千田稔『天平の僧行基』中公新書　一九九四年
一八、今東光『弓削道鏡』六興出版　昭和五八年
一九、黒岩重吾『弓削道鏡』上・下　文芸春秋　一九九二年
二〇、佐久間竜『日本古代僧伝の研究』吉川弘文館　昭和五八年
二一、村岡空『狂気の系譜─密教的血脈をたどる』伝統と現代社　昭和五二年
二二、上田正昭『帰化人』中公新書　昭和四〇年
二三、鈴木武樹『消された「帰化人」たち』講談社　一九七六年
二四、岸俊男『藤原仲麻呂』吉川弘文館　昭和四四年
二五、上田正昭『藤原不比等』朝日新聞社　昭和五一年
二六、黒須紀一郎『覇王不比等』第一、二、三部　作品社　一九九五年
二七、門脇禎二『蘇我蝦夷・入鹿』吉川弘文館　昭和五二年
二八、馬場あき子『鬼の研究』三一書房　一九七一年
二九、小石房子『流人一〇〇話』立風書房　一九八八年

歴　史

三〇、『日本書紀』下　日本古典文学大系　岩波書店　一九六五年
三一、黒板勝美編『続日本紀』前篇　新訂増補国史大系　吉川弘文館　昭和五八年
三二、『続日本紀』一　新日本古典文学大系　岩波書店　一九八九年

三三、『律令』日本思想大系　岩波書店　昭和五七年
三四、鳥越憲三郎『神々の道—葛城』新人物往来社　昭和五〇年
三五、「古代研究」『折口信夫全集』二・三巻　中央出版社　昭和四〇年
三六、村井康彦『古京年代記』角川書店　昭和四八年
三七、高橋輝雄『王権・山人・神女の古代論』大和書房　一九八九年
三八、上田正昭『古代の道教と朝鮮文化』八八頁　人文書院　一九八九年
三九、北山茂夫『大化の改新』岩波新書　一九六一年
四〇、中西進『天智伝』中央公論社　昭和五〇年
四一、川崎庸之『天武天皇』岩波新書　昭和二七年
四二、北山茂夫『天武朝』中公新書　昭和五三年
四三、直木孝次郎『持統天皇』吉川弘文館　昭和三五年
四四、野村忠夫『古代官僚の世界』塙新書　一九六九年
四五、中川収『奈良朝政争史』教育社歴史新書　一九七九年
四六、岡本堅次『浮浪と盗賊』教育社歴史新書　一九七九年

修験道・宗教

四七、和歌森太郎『山伏』中公新書　昭和三九年
四八、大伴茂『天皇と山伏』黎明書房　昭和四一年
四九、宮家準『修験道—山伏の歴史と思想』教育社　一九七八年
五〇、和歌森太郎『修験道史研究』東洋文庫　一九七二年

五一、巽　良海『修験道の歴史的考察』奈良県吉野町桜本坊　昭和五〇年
五二、村上俊雄増訂『修験道の発達』　名著出版　昭和五三年
五三、牛窪弘善『修験道綱要』名著出版　昭和五五年
五四、宮本袈裟雄『里修験の研究』吉川弘文館　昭和五九年
五五、日本大蔵経編纂会編『修験道章疏』一～三、名著出版　昭和六〇年
五六、宮家準『修験道思想の研究』　春秋社　昭和六〇年
五七、H・バイロン・エアハート鈴木正崇訳『羽黒修験道』弘文堂　昭和六〇年
五八、村山修一『修験の世界』人文書院　一九九二年
五九、宮家準編『修験道辞典』東京堂出版　昭和六一年
六〇、『山岳宗教史研究叢書』一～一八巻　名著出版　昭和五〇～五九年
六一、久保田展弘『山岳霊場巡礼』新潮社　昭和六〇年
六二、鎌田茂雄『山岳信仰』集英社　一九八七年
六三、村山修一『変貌する神と仏たち』人文書院　一九九〇年
六四、久保田展弘『日本宗教とは何か』新潮選書　一九九四年
六五、C・ブラッカー・秋山さと子訳『あずさ弓』岩波現代選書　一九七八年
六六、堀一郎『我が国民間信仰史の研究』(二)東京創元社　昭和三〇年
六七、山折哲雄編『遊行と漂泊』春秋社　一九八六年
六八、田村圓澄『飛鳥・白鳳仏教史』下　吉川弘文館　平成六年
六九、『往生伝・法華験記』日本思想大系　岩波書店　一九七四年
七〇、『寺社縁起』日本思想大系　岩波書店　一九七五年

七一、湯浅泰雄編『密儀と修行』春秋社　一九八九年
七二、佐和隆研編『密教辞典』法蔵館　昭和五〇年
七三、岩本裕『密教経典』仏教聖典選　第七巻　読売新聞社　昭和五〇年
七四、坂本幸男・岩本裕訳注『法華経』上・中・下　岩波文庫　一九六二～七年
七五、貴志正造『神道集』東洋文庫　昭和四二年

伝説・伝承など

七六、高田十郎編『大和の伝説』（増補編）大和史跡研究会　昭和三五年
七七、岩井宏実・花岡大学『奈良の伝説』角川書店　昭和五一年
七八、前田良一『大峯山秘録―花の果てを縦走する』大阪書籍　一九八五年

あとがき

今回の『役行者伝の謎』と、先の『役行者ものがたり』『役行者伝記集成』によって、役行者調べという使命感にもにた気持ちではじめた宿題を、やっと一応終えたという思いである。

役行者の伝記の中の出来事を比べて考証じみたことをしたり、興味につられて人物像をいろいろに想像もしてみた。しかし、記述に当たっては、参考資料の取り扱いにも、学問的な重みよりも興味本位になり、あるいは新たに拾い上げた説話などを折り込んだために、まことに雑然としたものになってしまった。

修験道のメッカ大峯山、すなわち山上ヶ岳の山麓に生まれた私にとって、「役行者のお陰」とは、幼いときから聴かされた祖父や両親の言葉である。「行者さん」という言葉は、今も私の耳元にはやきついている。子供の頃から、日常的にも役行者の信仰を軸としたような生活であったから、無意識のうちにも役行者にたいする先入観と偏見は拭い得なかったかもしれない。

役行者については、文字で綴られた記録とは別に、今まで、実に多くの役行者像を拝んできたが、木像・石像・銅像から肖像画などまで、作者によって彫られ画かれる像も様々であった。

役行者の風貌や人物像などについて、想像をたくましくすることはできるだろうが、実像にせまること、ましてや役行者の体得した修験の真髄にせまることは、私にとっては至難の道で、不可能である。やはり、山に登り自然に接し、役行者の修験の世界に、少しでもとけいりたいと願っている。

今回の出版に際しご高配を賜った東方出版社長今東成人氏、編集校正などお世話になった板倉敬則氏に深くお礼を申し上げる。また、特に、お世話になった奈良県立図書館山上豊氏、奈良県立民俗博物館浦西勉氏、大西什吾氏、出水元一氏に、資料を提供していただいた安部敏温氏、岩野和彦氏、吉條久友氏、二見道子氏、銭谷伊直氏に対して深くお礼を申し上げる。なおまた、私の「役行者調べ」の過程においては、実に多くの方々のお世話になった。ここに改めて心から深く御礼を申し上げる。

平成八年三月十八日

著者

銭谷武平（ぜにたに・ぶへい）

1920年、奈良県吉野郡天川村洞川に生まれる。九州大学農学部卒業、長崎大学名誉教授、農学博士。退職後、『陀羅尼助—伝承から科学まで』（1986年、薬日新聞社刊、共著）・『役行者ものがたり』（1991年、人文書院）・『役行者伝記集成』（1994年初版、2016年新装版、東方出版）・『役行者伝の謎』（1996年、東方出版）・『大峯こぼれ話』（1997年、東方出版）・『畔田翠山伝』（1998年、東方出版）・『大峯縁起』（2008年、東方出版）『大峯今昔』（2012年、東方出版）を著し、また大峯山系の自然誌などの調査をつづけた。2013年 4 月逝去。

役行者伝の謎《えんのぎょうじゃでんのなぞ》 新装版

1996年（平成 8 年）5 月 21 日　初版第 1 刷発行
2018年（平成 30 年）5 月 25 日　新装版第 1 刷発行

著　者——銭谷武平

発行者——稲川博久

発行所——東方出版㈱
〒543-0062　大阪市天王寺区逢阪 2-3-2
Tel. 06-6779-9571　Fax. 06-6779-9573

装　丁——森本良成

印刷所——亜細亜印刷㈱

落丁・乱丁はおとりかえいたします。

ISBN978-4-86249-330-9

役行者伝記集成【新装版】	銭谷武平	二、〇〇〇円
大峯今昔	銭谷武平	二、〇〇〇円
大峯縁起	銭谷武平	二、五〇〇円
大峯こぼれ話	銭谷武平	二、〇〇〇円
行者日誌 虚空蔵求聞持法【新装版】	古梶英明	一、六〇〇円
加持力の世界【新装版】	三井英光	一、八〇〇円
陀羅尼の世界【新装版】	氏家覚勝	二、〇〇〇円
古代天皇誌	千田 稔	二、〇〇〇円
仏像の秘密を読む	山崎隆之	一、八〇〇円

表示の価格は消費税抜きの本体価格です。